ALBA-MODELLBAHN-PRAXIS

5

MODELLBAHN LANDSCHAFT

Viele praktische Tips für Planung und Gestaltung

von Gernot Balcke

alba

CIP-Kurztitelaufnahme der Deutschen Bibliothek

Balcke, Gernot:
Modellbahn-Landschaft: viele praktische Tips für Planung und Gestaltung / von Gernot Balcke. –
6. Aufl. – Düsseldorf : Alba, 1995
(Alba-Modellbahn-Praxis ; 5)
ISBN 3-87094-580-X
NE: GT

1. Auflage September 1981
2. Auflage September 1982
3. Auflage August 1985
4. Auflage September 1988
5. Auflage September 1992
6. überarbeitete Auflage Oktober 1995

Erschienen Oktober 1995

Titelfoto Stefan Rieche

Herstellung L. N. Schaffrath, Geldern

ISBN 3-87094-580-X

Inhalt

Vorwort

Alles über den Modell-Landschaftsbau – so könnte man den Inhalt dieses Buches zusammenfassen. Aber sicherlich ist das ein wenig vermessen. „Alles" über den Bau einer Modell-Landschaft in Wort und Bild wiederzugeben, das würde ein mehrbändiges Werk erfordern - und immer blieben noch ein paar Lücken, weil die Vielfalt der Baumethoden und der Tricks bei der Detailgestaltung wirklich fast unerschöpflich ist.

Dieses Buch will dem Modellbahner sowohl klassische als auch moderne Methoden der Modell-Landschaftsgestaltung nahebringen. Der Inhalt erschöpft sich nicht nur in erklärenden Worten und zeichnerischen Beispielen, sondern geht auch in die Praxis – Bahndämme und Landschaften, Tunnel und Brücken, Straßen und Wege werden im wahrsten Sinne des Wortes vorgebaut, damit der Leser nicht nur lesen, sondern anhand vieler Abbildungen auch sehen kann, wie man es macht und „womit man es macht".

Und das ist ein besonderes Anliegen dieses Buches: sich nicht nur fingerzeigend und in beredten Worten über ein spezielles Thema auszulassen, sondern mit ausgewählten Beispielen initiativ zu wirken für die Verwirklichung eigener Ideen und Vorstellungen.

Wenn dieses Ziel beim Modellbahner – ob Beginner oder „alter Hase" – erreicht wird, hat der vorliegende Band seinen Zweck in jeder Hinsicht erfüllt. – Übrigens: Schreiben Sie mir, wenn Ihnen das eine oder andere nicht gefallen sollte oder wenn Sie Ergänzungen zu einem bestimmten Thema in einer der nächsten Ausgaben dieses Buches finden möchten.

Gernot Balcke

1 Was war zuerst da?

Was war zuerst da – die Landschaft oder die Eisenbahn? Die Antwort auf diese Frage scheint eindeutig: Natürlich war die Landschaft schon immer da und die Eisenbahn wurde erst später eingeplant und eingebaut. Warum also diese Fragestellung in der Kapitel-Überschrift? Weil bei der Modellbahn alles anders ist. Nichts ist da – keine Landschaft und keine Eisenbahn. Beides muß geplant, entworfen und gebaut werden.

Fangen wir mit unseren Überlegungen zur „Landschaftsplanung" beim großen Vorbild an. Dort sieht die Ausgangssituation meistens so aus: Jeweils zwischen zwei Orten soll eine Bahnlinie möglichst geradlinig deren Bahnhöfe miteinander verbinden, um Reisende und Transportgüter schnell zu befördern. Im Flachland gibt es bei der Streckenverlegung selten größere Probleme, aber wo ist schon die Landschaft wirklich flach und der Untergrund für die Bahntrasse (so nennt man den Bahnkörper) wirklich ausreichend fest? Da sind Flüsse zu überspannen, Straßen müssen unter- oder überquert werden und Wälder, Siedlungen oder andere „Hindernisse" müssen umfahren werden, um ans Ziel zu kommen. Wirklich gerade Strecken ohne Kunstbauten gibt es deshalb selten bei der Bahn.

Noch schwieriger wird die Streckenplanung beim Vorbild, wenn die Landschaft aus der Sicht des Menschen besonders „schön" ist. Windungsreiche Flußtäler, bewaldete Hänge, Berge und Täler, steile Felsabhänge und lockerer Untergrund erschweren den Bau einer Eisenbahnlinie. Aber auch von Menschen gebaute Hindernisse wie Ortschaften, Städte, Industrieanlagen, Autobahnen und dergleichen hindern den Streckenplaner oftmals daran, die Bahnlinie geradlinig auf dem kürzesten Weg zwischen den Bahnhöfen in gerader Strecke zu führen.

Einen Ausweg bieten in den meisten Fällen aufwendige Geländeveränderungen wie Einschnitte, Dammbauten, Tunnelbohrungen, Abstütz- und Abfangbauwerke, Lawinenschutzbauten und nicht selten kunstvolle und schwierige Brückenkonstruktionen. Bestes und aufwendiges Beispiel hierfür bieten die Hochgeschwindigkeits-Bahntrassen für den ICE-Verkehr.

Doch nicht nur Betrieb, Technik und Fahrpläne geben den Ton an bei dieser Landschafts-Veränderung. Dämme, Einschnitte, Kunstbauten und Brücken sollen sich auch harmonisch in die gewachsene Landschaft einfügen, damit das Gesamtbild Landschaft und Eisenbahn ein perfekt aufeinander abgestimmtes Ganzes ergibt. Und das sollte schließlich auch das vorbildgerechte Ziel auf der Modellbahn-Anlage sein.

Die Modell-Landschaft muß geplant werden

Als Modellbahner könnte man ganz einfach sagen: Nun habe ich eine 3 x 2 m große Grundplatte, mein Gleisplan ist auch schon entworfen, jetzt baue ich schnell noch ein bißchen Landschaft drumherum – und fertig ist die Anlage!

Schieben Sie diesen Gedanken schnell beiseite, denn das Ergebnis wird Sie kaum begeistern. Eine Modellbahn-Anlage, die sich auf dieser – zugegeben verlockenden – Idee gründet, wird immer wie zusammengewürfeltes Stückwerk wirken und keinesfalls vorbild- und naturgetreu.

Genauso verkehrt wäre es, sich in diesem Fall kompromißlos an den Vorbild-Gegebenheiten zu orientieren. Das würde dann so aussehen: Man denkt sich eine passende und gefällig wirkende Landschaft für seine Anlage aus, baut sie so naturgetreu wie möglich im Modellmaßstab auf und versucht dann anschließend für diese Landschaft einen Streckenplan zu entwerfen.

Beides ist falsch. Denn Landschaft und Eisenbahn müssen von Anfang an parallel, d.h. gleichlaufend nebeneinander, geplant, entworfen und gebaut werden. Bei den Grundüberlegungen zur Streckenführung und Streckenthematik müssen wir uns gleichzeitig Gedanken darüber machen, wie diese Strecke in die Landschaft einbezogen werden kann ohne hinterher als Fremdkörper zu wirken.

Flachland oder Hochgebirge?

Beginnt man mit dem Planen von Landschaft und Bahnlinie, so sieht man sich sofort wieder vor eine wichtige Entscheidung gestellt, die Wahl des „Landschafts-Charakters". Die Palette der Möglichkeiten reicht vom Extrem des wirklich „flachen Flachlandes" bis zum anderen Extrem, der alpinen Gebirgslandschaft. Extremlösungen gleich welcher Art sollte auch der Modellbahner möglichst vermeiden. Außerdem ist die Wahl des Landschafts-Charakters von vielen Faktoren abhängig. Man wird selten ohne einen Kompromiß auskommen.

Größe und Anlagenform spielen bei diesen Vorüberlegungen wichtige Rollen. Bei größeren Anlagen in sogenannter offener Bauform (schmale Streckenbretter und Bahnhofsplatten an der Wand entlang) fällt die Entscheidung noch einigermaßen leicht. Hier kann man unter Umständen sogar völlig verschiedene Landschaften miteinander kombinieren – vom Flachland bis zur Gebirgsstrecke. Aus einem einfachen Grund: Die Landschaft ist nicht mit einem Blick überschaubar, sondern der Betrachter lenkt sein Augenmerk jeweils lediglich auf ein bestimmtes Teilstück der Gesamt-Anlage.

Bei geschlossenen Anlagenplatten (sogenannten Flächen- oder Inselanlagen; sie sind immer noch am häufigsten anzutreffen) wird es schon schwieriger, zumal hier zwangsläufig kurvenreichere Streckenführung das Verdecken bestimmter Gleispartien, kleiner Radien usw. mit Hilfe von

Zwei Extreme in der Landschaftsgestaltung – und beide sind wie alle Extreme nicht gut. Die Flachland-Landschaft ist für eine Modellbahn meist recht langweilig in der Wirkung, die Hochgebirgs-Landschaft wirkt dagegen zu bizarr und unwirklich, besonders auf kleineren Anlagenflächen. Außerdem müssen bei Gebirgslandschaften zwangsläufig zu viele Gleise „weggetunnelt" werden. Der richtige Kompromiß liegt zwischen diesen beiden Extremen in der Hügellandschaft.

Einschnitten, Tunnelbauten oder Brücken erforderlich werden läßt.

Hat man nicht ganz bestimmte eigene Vorstellungen, so ist der goldene Mittelweg in bezug auf die Wahl des Landschafts-Charakters in der Praxis meist der richtige. Und das ist die Kombination zwischen Flachland und Hügellandschaft. Sie bringt bei optimalem Ergebnis die wenigsten Schwierigkeiten für Planung und Gestaltung. Im Gegensatz zur reinen Flachlandschaft erschwert sie nicht das Einplanen von fast immer notwendigen Dammeinschnitten oder Tunnelröhren, sie zwingt andererseits aber auch nicht zu den schwierigen Kompromissen „gestauchter Berge", von denen noch die Rede sein wird. Trotzdem schließt die Hügellandschaft kleine hügelige Felspartien und Schluchten nicht aus, bietet also gestaltungsmäßig und im Hinblick auf den Streckenplan viele Alternativen. Bei einer Hügellandschaft ist gewissermaßen für den Modell-Landschaftsgestalter „alles drin" – er kann fast alle Spielarten der Landschaftsgestaltung nutzbringend anwenden und viele Möglichkeiten ausschöpfen, ohne die Geländegestaltung unglaubwürdig wirken zu lassen.

Die „verkürzte Natur"

Eigentlich das größte Problem, das es bei der Planung einer naturgetreu wirkenden Modell-Landschaft zu bewältigen gilt, ist das „Kilometer-Problem". Die Fläche, die wir im Modell als Anlage darstellen können, ist ja genau genommen nicht mal ein Stückchen aus einem großen Landschaftskuchen, sondern nur ein winziger Krümel daraus. Bei der Gestaltung einer Landschaft auf der Modellbahn-Anlage steht der Modellbauer vor diesem Problem, das sich nur mit der Bereitschaft zum Kompromiß lösen läßt. Kaum eine Landschaftsformation läßt sich exakt im gewählten Baumaßstab nachbilden – weder in Länge, Breite oder Höhe. Daß dieses Problem in Baugröße 1 (Maßstab 1:32) noch erheblich größer ist als in Baugröße Z (Maßstab 1:220), ist klar – dennoch sind auch bei der Z-Bahn die Schwierigkeiten im Prinzip die gleichen. An ein paar Beispielen soll die-

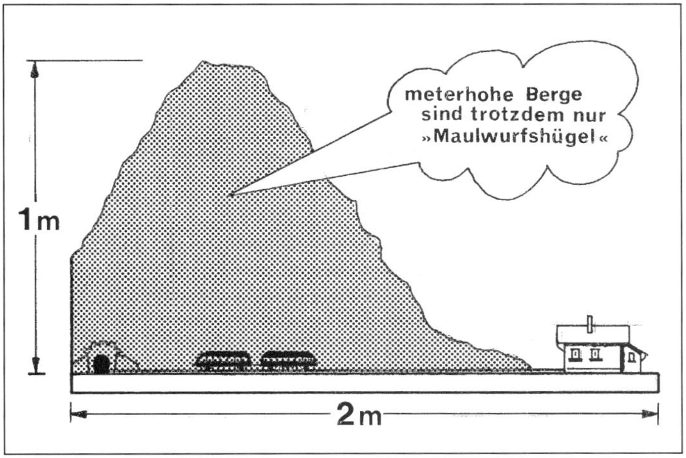

Der ein Meter hohe Berg auf einer etwa zwei Meter langen H0-Anlage ist zwar eine imposante und vor allem auch platzfüllende Geländedarstellung, aber eine völlige Fehlplanung. In der Natur wäre dieser Berg sowieso nur 87 m hoch – ein besserer „Maulwurfshügel". Solche extreme Landschaftsgestaltung führt zu keiner naturgetreu wirkenden Anlage. Da muß man sich schon ein paar Tricks einfallen lassen, um eine glaubwürdige Modell-Landschaft „auf die Platte zu bringen".

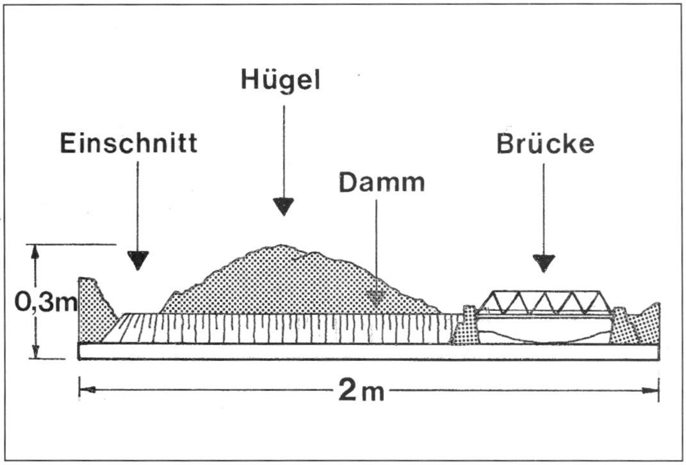

Günstiger und weniger extrem in den Niveau-Unterschieden ist diese Art der Hügellandschaft am Beispiel eines zeichnerisch gestalteten Anlagentorsos. Sie wirkt im Querschnitt selbstverständlicher, ausgewogener und damit glaubwürdiger und naturgetreuer. Die flachwellige Formung der Oberfläche bringt betriebliche Vorteile durch eine erleichtere Gleisplanung. Trotz Damm-Einschnitten, Bahndamm und Brücke können die Gleise ohne Tunnel auf gleichem Niveau verlaufen.

ses „Kilometer-Problem" deutlich in Zahlen zum Ausdruck kommen.

Zum Beispiel ist ein 870 m hoher Berg in natura keineswegs überwältigend hoch – in Baugröße H0 (M 1:87) müßte er aber immerhin noch 870 m: 87 = 10 m hoch sein! Ein derart gigantischer Modellberg dürfte auch auf der größten Anlage nicht unterzubringen sein, ganz abgesehen von der im wahrsten Sinne des Wortes raumfüllenden Grundfläche eines solchen Berges.

Bei den Längenabmessungen sieht es – auf den jeweiligen Modellmaßstab umgerechnet – nicht besser aus. Die Entfernung zweier Bahnhöfe ist beim Vorbild mit 3 km wirklich knapp bemessen, selbst auf Nahverkehrsstrecken. Dieser Abstand würde z.B. in Baugröße H0 betragen: 3000 m: 87 = knapp 35 m. Wer hat eine solche Streckenlänge zur Verfügung? Selbst in N oder Z macht sich der Unterschied durch den kleineren Maßstab kaum positiv bemerkbar. In N wäre der Bahnhofsabstand 3000 m: 160 = 18,8 m und in Z: 3000 m: 220 = 13,6 m.

Wir sehen anhand dieser Beispiele, die Sie im übrigen beliebig fortsetzen können (und oftmals zur Kontrolle in bestimmten Fällen durchrechnen sollten), daß ein tatsächlich maßstäbliches Arbeiten bei Gleis- und Landschaftsplanung nicht in bezug auf die gesamte Anlage möglich ist, sondern nur bei der Gestaltung von Detailpartien oder kleinen Modulen nach „bescheidenem" Vorbild.

Wir müssen „die Natur verkürzen", um es einmal sinngemäß in eine Kurzformel zu bringen. Das ist mit Hilfe einiger bewährter Tricks möglich, ohne daß die Anlage durch diesen zwangsläufigen Verzerrungsmaßstab unglaubwürdig oder spielzeughaft wirken muß. Also: Hinein in die Planung.

Auf den Gleisplan kommt es an

Wir müssen also notgedrungen „mogeln" und mit geschickter Gleis- und Landschaftsplanung Mittel und Wege finden, um dem Betrachter trotz unumgänglicher Verkürzungen und Maßstabsverzerrungen die Illusion einer echt wirkenden, d.h. naturgetreuen Geländegestaltung und vorbildnahen Streckenführung zu bieten. Um das zu erreichen, muß man als Modellbahner zwar manchmal recht tief in die Trickkiste greifen, aber das lohnt sich letzten Endes immer wieder. Und spätestens bei diesen Überlegungen begreift man ganz einfach, warum es so wichtig ist, Landschaft und Gleisplan miteinander und nicht nacheinander zu entwerfen.

Eins darf man bei allem Planen und Bauen nicht vergessen: die Wechselbeziehung zwischen Landschaft und Eisenbahn. Bahn und Landschaft müssen auf der Modellbahn-Anlage so aufeinander abgestimmt sein, daß man bei der fertigen Anlage den Eindruck gewinnt: So und nicht anders muß die Bahnlinie verlaufen und so oder ähnlich muß die zugehörige Landschaft aussehen. Jeder Gleisbogen, jede Steigung, jede Brücke und jeder Tunnel müssen ihre Daseinsberechtigung in der zugehörigen Landschaft finden. Nur dann „stimmt" die Landschaft und damit die Anlage.

Das liest sich nun alles ganz einfach und erscheint Ihnen sicherlich auch logisch begründet – doch: wie soll man beispielsweise auf einer nur 1,5 x 1,0 m messenden H0-Anlagenfläche eine solche richtige Streckenplanung „hinkriegen"? Sie kann doch auf dieser relativ kleinen Fläche keine eigentliche Daseinsberechtigung haben. Und wer kennt sie nicht, die „Weihnachts-Anlagen", die zumeist aus einem ein- oder doppelgleisigen Oval mit Überholungsgleis bestehen. Schon der auf den ersten Blick überschaubare Streckenverlauf zeigt das Unlogische der Bahnlinie: Die Eisenbahn fährt nur um ihrer selbst willen im Kreis herum – sie ist eine reine Spielbahn für Kinder und keine Modellbahn.

Der Modellbahner will mehr, auch wenn seine Anlage aus Platzgründen oder um mehr „Betrieb" machen zu können, zwangsläufig ebenfalls nur aus mehr oder weniger verschlungenen Gleiskreisen besteht. Auf kei-

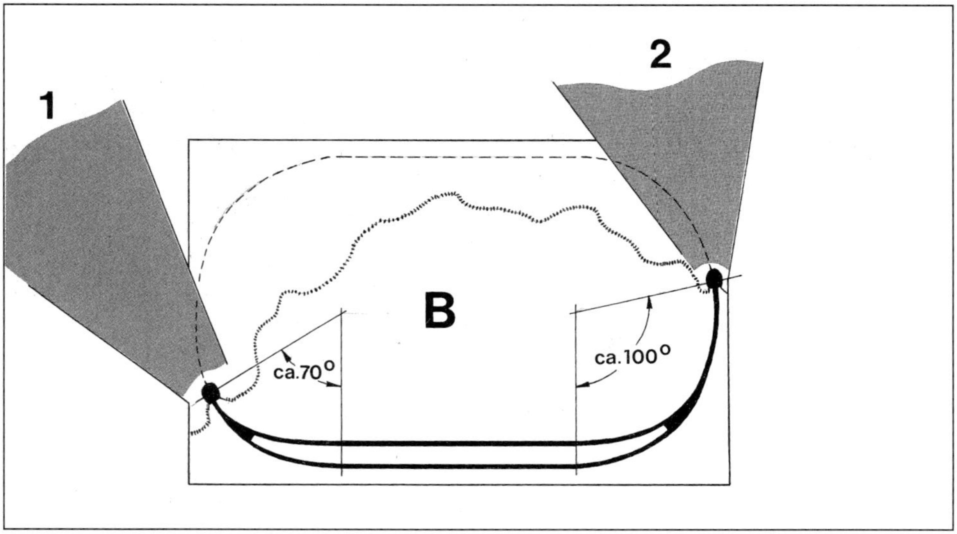

Durch richtiges Planen und Ausführen läßt sich selbst die Ovalstrecke einer Kleinstanlage optisch teilweise kaschieren. Die Grundregel heißt: Von einem Oval darf insgesamt höchstens ein Halbkreis (180°) sichtbar sein; die übrigen Bogengleise müssen den Blicken entzogen sein (durch Tunnel, Damm-Einschnitte, Gebäude usw.). Bei teilweisem Landschaftsüberbau (Skizze oben) scheinen die Strecken in zwei verschiedene Richtungen 1 und 2 zu führen. Im unteren Beispiel ist ebenfalls ein Großteil der Bogengleise „weggetunnelt", dennoch entsteht der Eindruck eines Spielanlagenovals, weil am hinteren Anlagenrand ein Teil der Verbindungsstrecke wieder sichtbar ist. Das ist nur bei flächenmäßig sehr großen Anlagen vertretbar. Bei Kleinanlagen wirkt solche Streckenführung nicht gut, weil der Kreisverkehr auf der kleinen Anlagenfläche einfach zu deutlich sichtbar wird.

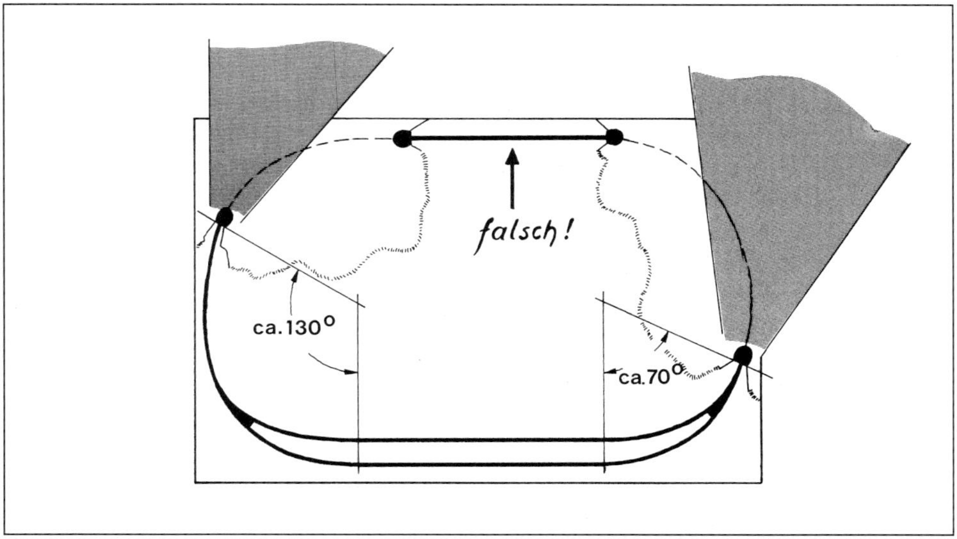

nen Fall soll dieser vorbildwidrige Gleisverlauf auf den ersten Blick voll überschaubar sein. Und diesen Wunsch – besser gesagt: diese berechtigte Forderung – kann nur die Landschaftsplanung erfüllen und zufriedenstellen. Selbst ein einfaches Gleisoval mit kaum mehr Gleisen als in einer Anfangspackung enthalten sind, läßt sich mit Hilfe der Anlagengestaltung und deren vielen Möglichkeiten in eine glaubwürdig aufgebaute, ansehnliche kleine Modelleisenbahn-Anlage verwandeln.

Durch das Kaschieren (Verdecken) bestimmter Gleispartien verwischt sich der Eindruck der Kreisfahrt, und der direkt einsehbare Streckenteil wirkt wie ein echter Ausschnitt einer Bahnlinie, die von „irgendwoher" kommt und nach „irgendwohin" führt. Der Zug fährt also für den Betrachter nicht mehr völlig sinnlos im Kreis herum. Dieses notwendige Kaschieren „unliebsamer" Gleisstrecken, zu enger Radien und anderer erforderlicher Kompromisse bei der Gleisführung, die sich nun einmal auf einer Mo-

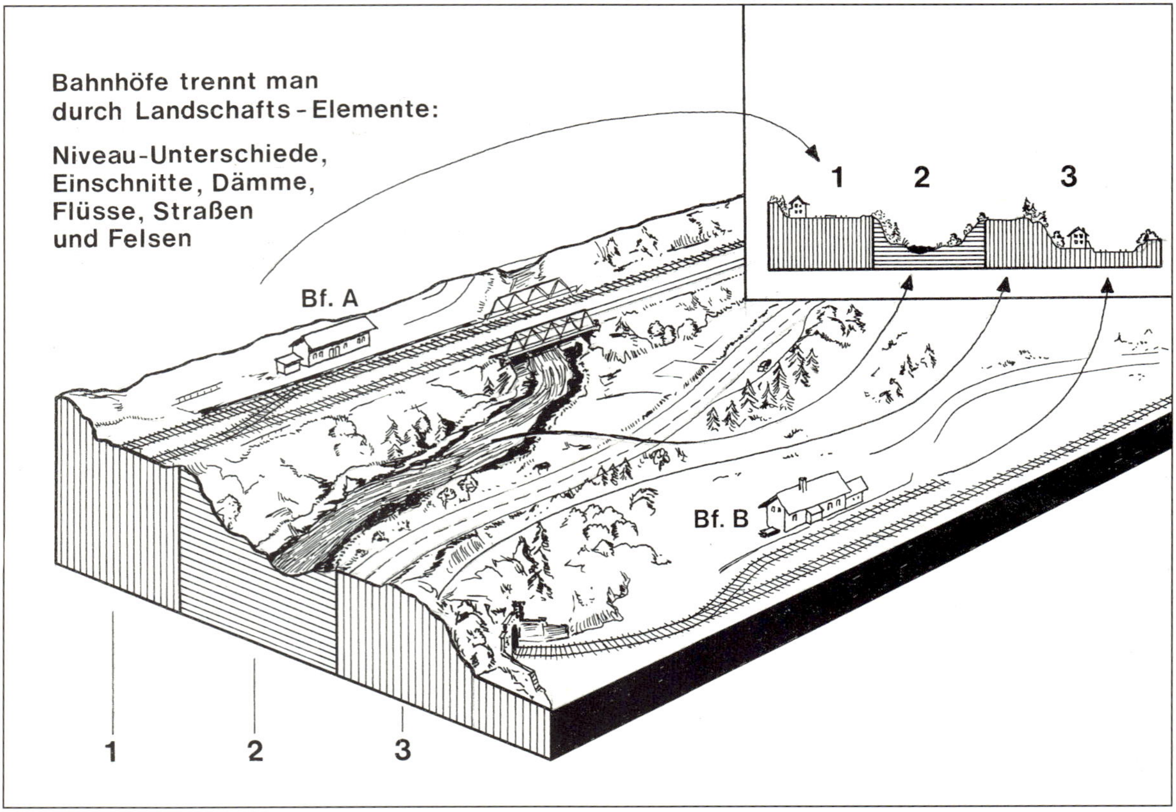

Ein skizziertes Beispiel für die mögliche Trennung von meist relativ dicht beieinanderliegenden Bahnhöfen auf einer Anlage. Wie die Skizze durch ihre Schraffur andeutet, ist die Anlage in drei landschaftlich optisch voneinander getrennte Teile aufgeteilt. Links (1) der hochliegende Bahnhof, davor, etwas abgesenkt, ein Flußtal (2), das für ein sogenanntes natürliches Hindernis sorgt. Der vordere Anlagenteil (3), auf dem sich der zweite Bahnhof befindet, nimmt zwei weitere landschaftliche Trennungselemente in Anspruch: eine hochgelegene Straße und ein abgesenktes Anlagenniveau. Zudem führt die Strecke vorn in einen Tunnel. Diese Trennungselemente (man kann sie auch anderes variieren) lassen trotz kleiner Anlagenfläche die Notwendigkeit von zwei Bahnhöfen begründen. Im Zweifelsfall gilt: lieber auf einen der beiden Bahnhöfe verzichten!

dellbahn-Anlage nicht immer vermeiden lassen, ist deshalb eine der Hauptaufgaben für Planung und Bau der Modell-Landschaft.

Die Modell-Landschaft soll also keineswegs nur schön und naturgetreu aussehen und den Blick des Betrachters durch ihre Detailgestaltung fesseln, sie soll auch einen betriebsgerechten und vorbildnah wirkenden Bahnverlauf vortäuschen, der sich aus den eingangs genannten unvermeidbaren Gründen der starken Verkürzungen in Länge und Höhe der Gesamtanlage nicht ohne weiteres im Modell darstellen läßt.

Zwei Bahnhöfe für drei Häuser?

Ein oft zu beobachtender Fehler bei der Gleis- und Landschaftsplanung einer Modelleisenbahn-Anlage ist das störende Nebeneinander und Miteinander von zu vielen Bahnstrecken und Bahnhöfen auf zu kleiner Anlagenfläche. Wegen der bereits erwähnten notwendigen drastischen Verkürzung der Bahnlinien auf jeder Anlage ist es erforderlich, einen brauchbaren Ausweg zu finden, um die auf den nur wenigen zur Verfügung stehenden Quadratmetern fast immer zu dicht beieinander liegenden Strecken und Bahnhöfe zumindest optisch mehr oder weniger deutlich voneinander zu trennen.

Direkte Straßenverbindungen zwischen zwei Bahnhöfen oder deren Trennung lediglich durch ein Feld oder eine Wiese sind ein Unding. Denn jeder Bahnhof muß für sich allein eine Berechtigung haben, gerade an dieser Stelle zu liegen, auf der er im Gleisplan vorgesehen ist. Bahnhöfe auf Modellbahn-Anlagen liegen grundsätzlich zu nah beieinander – selbst bei den sogenannten „An-der-Wand-lang"-Anlagen mit langen schmalen Streckenbrettern und den damit verbundenen bedeutend längeren und auseinandergezogenen Fahrstrecken.

Während sich Gleisverschlingungen, zu enge Radien und andere unvermeidliche Kompromisse durch Tunnelstrecken, Geländeeinschnitte, geschickte Verbauung und andere Tricks noch relativ mühelos kaschieren lassen, liegt ein Bahnhof natürlich immer offen im Blickfeld als einer der zentralen Anlagen-Betriebspunkte.

Was ist also zu tun, um eine räumliche Trennung zwischen den Strecken und zwischen den Bahnhöfen zu erreichen?

Niveau-Unterschiede der einzelnen Strecken sind beispielsweise geeignet, eine wirksame optische Trennung zu erreichen. Dies gilt auch für Bahnhöfe: zwei unterschiedlich hoch über dem Anlagen-Normalniveau liegende Bahnhöfe können durchaus dichter beieinander liegen als zwei Bahnhöfe auf gleicher Ebene. Denn der Eindruck zweier verschiedener Strecken ohne direkte betriebliche Berührung ist in diesem Fall glaubwürdiger.

Einen ähnlich wirksamen optischen Effekt erreicht man durch einen gewundenen kleinen Flußlauf oder durch ein besonders schwieriges Felsgelände zwischen zwei Bahnhöfen, das den Zusammenschluß oder die Berührung zweier Bahnlinien in einem Bahnhof erschwert oder ganz verhindert. Und wenn gar nichts mehr hilft: dann lieber auf einen Bahnhof verzichten.

Zusammenfassung

Die Natur in ihren Abmessungen „verkürzen" und die Bahnlinie gemeinsam mit der Landschaft planen – das ist das Ergebnis der überlegenden Planung zum Landschaftsbau in diesem Kapitel. Den optischen Gesamteindruck störende sichtbare Strecken müssen „weggetarnt" werden mit Hilfe von Damm-Einschnitten, Tunnelstrecken oder durch geschicktes Verbauen mit Häusern. Das sind wichtige Planungstips, die den Entwurf des Gleisplans und der Landschaftsgestaltung gleichermaßen berühren und deshalb nicht einzeln betrachtet werden können.

2 So wird's gemacht

Es ist eine alte Weisheit: Ohne gutes Werkzeug und ohne das richtige Arbeitsmaterial ist das Ergebnis nur eine halbe Sache. Das gilt auch für den Modell-Landschaftsbau. Man braucht schon ein wenig mehr als nur eine Grasmatte, Streumaterial, Leim, Hammer und Schere. Aber wenig genug, um ohne große Kosten gleich anfangen zu können – ein wenig Phantasie, Geschick und Geduld müssen Sie allerdings selbst beisteuern.

Man braucht wenig an Werkzeug, um mit dem Landschaftsbau beginnen zu können – und das meiste davon hat man ohnehin im Haus oder in der Modellbahn-Werkstatt. Deshalb wird das Gelingen keineswegs am Werkzeug scheitern. Viel zeitraubender ist manchmal dagegen das Beschaffen des notwendigen Landschafts-Ausstattungsmaterials. Nicht jeder Modellbahn-Fachhändler kann alles auf Lager haben. Wenn Sie ausgefallene Wünsche in bezug auf Zubehör für den Landschaftsbau oder ganz besondere Wünsche für das Ausstattungsmaterial haben, dann wird Ihnen Ihr Fachhändler alles so schnell wie möglich besorgen. Hersteller- und Bezugsquellen-Nachweise finden sich am Schluß des Buches in einer Übersicht.

Zurück zu den Werkzeugen. Wie bereits angedeutet, braucht man wenig an Werkzeug für den Landschaftsbau. Und das meiste hat man sicherlich schon, weil viele Werkzeuge ja auch für andere Arbeiten an der Modellbahn-Anlage benötigt werden.

Ein leichter Hammer (50–100 g), eine kleine Handbohrmaschine, eine kräftige Papierschere, eine kleine Säge, diverse Feilen und Bohrer, mittelharte Borstenpinsel (flach und rund), Pinzette, Kombizange, Seitenschneider, Bastelmesser, Laubsägebogen, Schraubendreher, Maßband, Winkel, Plastikspachtel, Fugenspachtel und eine Lichtraumprofil-Lehre – das reicht im allgemeinen aus. Natürlich gibt es darüber hinaus noch mehr an nützlichem Werkzeug.

Wer sich das mühselige Aussägen von Ausschnitten, Trassenbrettchen, Bahndamm- und Geländestützbrettern von Hand ersparen will, sollte sich unbedingt eine elektrische Stichsäge zulegen. Sie kostet weniger als 100,– DM und macht sich durch ihre universelle Verwendbarkeit schnell bezahlt. Die elektrische Stichsäge und eine Heimwerker-Bohrmaschine sind eigentlich die beiden einzigen maschinellen Geräte, die sich jeder Modellbahner und Anlagenbauer zulegen sollte, zumal deren Anschaffungskosten relativ niedrig liegen.

Doch zunächst gilt es, sich für eine ganz bestimmte Landschafts-Bauweise zu entscheiden, um das entsprechende Grundmaterial auszuwählen. Im folgenden werden die gebräuchlichsten Landschafts-Baumethoden ausführlich vorgestellt und der Bauverlauf beschrieben. Damit auch der Anfänger schnell damit zurechtkommt.

Die Gitterhaut-Bauweise

Eine der ältesten und bekanntesten Modelllandschafts-Baumethoden ist die Gestaltung der Landschaft mittels Drahtgeflecht (auch als „Fliegengitter" bekannt). Auf den ersten Blick wird diese Methode dem einen oder anderen vielleicht etwas veraltet erscheinen, trotzdem gehört sie nach wie vor zu den beliebtesten Standard-Baumethoden für Modell-Landschaften, weil sie schrittweise wenig aufwendiges Arbeiten mit großen gestalterischen Möglichkeiten verbindet.

Das benötigte Material hierzu: Stützhölzer (Leisten) oder Holzspanten aus Spanplatte bzw. Sperrholz (etwa 10 mm dick), Fliegengitter (aus Kunststoff, besser aus dünnem lackiertem Draht- oder Aluminium-Geflecht) und Spachtel (Modellspachtel „Moltofill" oder andere, ähnliche Putzspachtel). Weiter

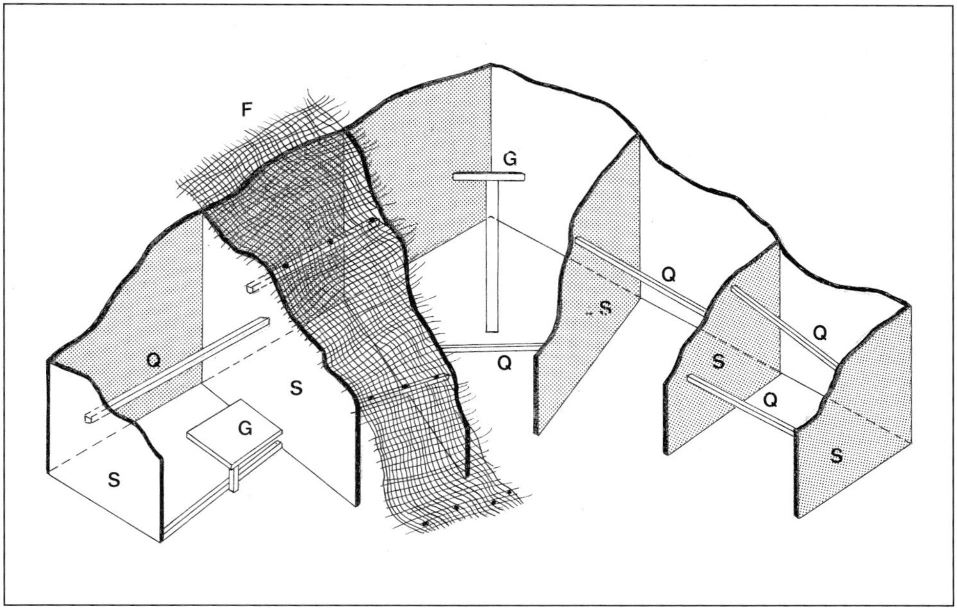

Grundaufbau der Landschaftsgestaltung: Die Spanten zur Stabilitätserhöhung (S) werden aus 8-10 mm Sperrholz gefertigt oder (bei kleinen Abmessungen) aus zwei- bis mehrfach verklebter Wellpappe. Die Querleisten (Q) dienen zur Erhöhung der seitlichen Stabilität und als zusätzliche Befestigungspunkte für die Auflage der Geländehaut (hier als Fliegengitter gezeichnet). Standflächen für Gebäude sind bereits durch entsprechend montierte Auflagebrettchen (G) zu berücksichtigen.

braucht man rauhes Kreppapier – als ideal hat sich billigstes graues Toilettenpapier erwiesen – sowie Weißleim, Abtönfarbe und Borstenpinsel.

Und so geht man in der Praxis vor: Nachdem der Querschnitt der gewünschten Geländeform in Länge, Breite und Höhe festgelegt ist, werden entsprechend ausgesägte Holzteile (Spanten) und Stützklötze für die Auflage der Geländehaut auf dem Anlagengrundrahmen oder der Grundplatte befestigt (geklebt oder geschraubt). Darauf werden in etwa passend zugeschnittene Fliegengitter-Stücke mit Breitkopfnägeln („gebläuten Kammzwecken") befestigt. Das Draht- bzw. Kunststoffgewebe wird ziemlich „wellig" aufgelegt – also nicht straff gespannt –, damit sich leichte Bodenwellen oder Geländeerhebungen durch Eindrücken bzw. Herausdrücken von der Unterseite noch gut ausformen lassen. Beim etwas in sich steiferen Drahtgeflecht geht das einfacher vonstatten als beim weichen Kunststoffgeflecht; hier sind unter Umständen zusätzliche, je nach Bedarf abgelängte Stützklötzchen notwendig, die später nach Aushärten der Landschaftshaut wieder entfernt werden können.

Wichtig ist bei dieser Vorformarbeit, daß man eventuelle spätere Stellflächen für Gebäude und den Verlauf von Straßen oder Wegen richtig einplant und beim Formen des Fliegengitters berücksichtigt.

Jetzt hat das Gelände bereits eine gewisse Stabilität und sollte in der Form dem ge-

So werden die Sperrholzspanten auf dem Anlagengrundrahmen befestigt (geklebt und genagelt), um als Auflage für die Geländehaut aus Fliegengitter oder starkem Kreppapier zu dienen. Querleisten sorgen für zusätzliche Stabilität, vor allem im Bereich der Bahntrasse und der Straße am vorderen Rand.

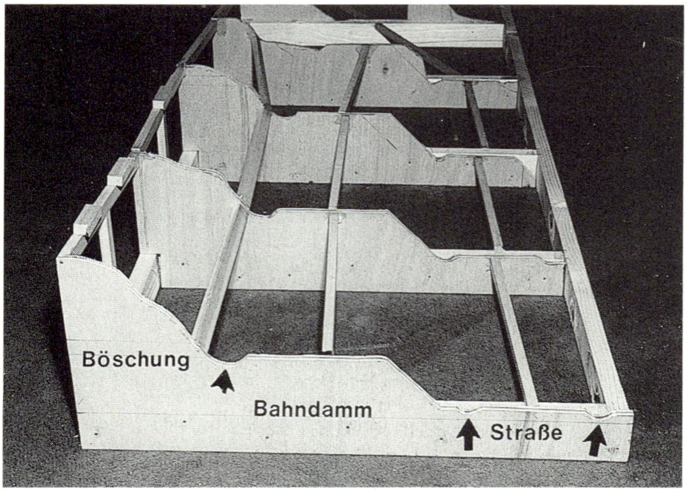

Ein Blick auf den Querschnitt der Landschafts-Spantenbretter. Deutlich ist die Grundform der geplanten Landschaft zu erkennen, links das leicht ansteigende Gelände, in der Mitte der Bahndamm-Unterbau (für eine zweigleisige Strecke) und rechts das Straßen-Fundament. Man beachte auch die jeweiligen Vertiefungen für Gräben links und rechts von Bahndamm und Straße (s. Pfeile).

wünschten Endzustand schon weitgehend nahekommen. Das zu beurteilen fällt jedoch noch nicht leicht, weil das Fliegengitter ziemlich luftig und durchsichtig ist und die Formgebung deshalb nicht so ohne weiteres zu erkennen ist. Doch das wird durch den folgenden zweiten Arbeitsgang schnell abgeändert.

Das gesamte Maschengitter wird mit einer dünnen Schicht Spachtelbrei bestrichen. Man kann auch Gips verwenden, sollte ihm aber etwa 20% Weißleim zusetzen, damit er nicht zu schnell abbindet und nach dem Aushärten nicht brüchig wird.

Der Spachtelbrei darf nur mäßig dick mit Wasser angerührt werden, damit er sich gut mit einem mittelweichen Flachpinsel dünn (1–2 mm) auftragen läßt. Ist der Brei zu dünn, tropft er durch das Gewebe; deshalb sollte man sicherheitshalber ein paar Zeitungen unterlegen, vor allem, wenn Gleise unter dem Gelände durchlaufen. Ein weiterer Tip: In den Spachtelbrei rührt man etwas dunkelbraune Abtönfarbe ein. Das hat zwei große Vorteile: erstens läßt sich das vorge-

Das Rohgerüst des Anlagenteilrahmens läßt deutlich den Landschaftsquerschnitt erkennen, der dann mittels Fliegengitter gestaltet wird.

formte Gelände dann besser beurteilen (weil es durch den Braunton realistischer wirkt als ein weißes Gebilde), und zweitens stört es später in der fertigen Landschaft nicht so sehr, wenn irgendwo mal ein Eckchen aus dem Spachtel herausbricht, da der gesamte Untergrund erdfarben durchgefärbt ist.

Eine praxiserprobte und auch vom Ungeübten leicht zu handhabende Geländebau-Methode bietet der Modelleisenbahn-Club Westerwald als „Bausatzpack" an (s. Lieferanten-Verzeichnis). Grundkomponenten sind ein kräftiges Vlies-Tuch (statt der Drahtgaze) und eine pulverförmige Modelliermasse, die in Wasser aufgelöst wird. Sie besteht neben Zellulose und Spezialkleber aus anderen „geheimen Beimischungen", die das Verarbeiten erleichtern.

Die Modelliermasse wird ähnlich wie Tapetenkleister angerührt und muß etwa eine halbe Stunde ziehen, bis eine dicke streichfähige Masse entsteht. Beigemischte Abtönfarben empfehlen sich auch hierbei je nach modelliertem Geländeuntergrund. Der Spachtelbrei wird auf das Vlies aufgetragen (oder auf irgendeinen anderen sauberen und fettfreien Untergrund) und mit einem schmalen Fugenspachtel in aller Ruhe modelliert, denn der Brei bleibt rund 18 Stunden modellierfähig. Das Gelände kann sofort nach dem Modellieren ohne zusätzlichen Kleber beflockt werden.

Praktisch: Die angerührte Masse kann, in einem luftdicht verschlossenen Behälter aufbewahrt, noch tagelang verwendet werden. Einmal ausgetrocknet, kann sie durch Zugabe von Wasser wieder modellierfähig gemacht werden. Das ist eine angenehme Arbeitsmethode, zumal ein Beutel mit 430 g Modelliermasse für die Geländegestaltung von bis zu 2 qm ausreicht.

Nun lassen sich noch Korrekturen an der Geländeform durchführen, ohne daß große Änderungen oder Abbrucharbeiten notwendig sind. Ist der Gesamteindruck zufriedenstellend, wird über die noch nicht durchgetrocknete Geländehaut blattweise grobes Toiletten-Kreppapier aufgelegt, das mit einem stark verdünnten wäßrigen Weißleim-

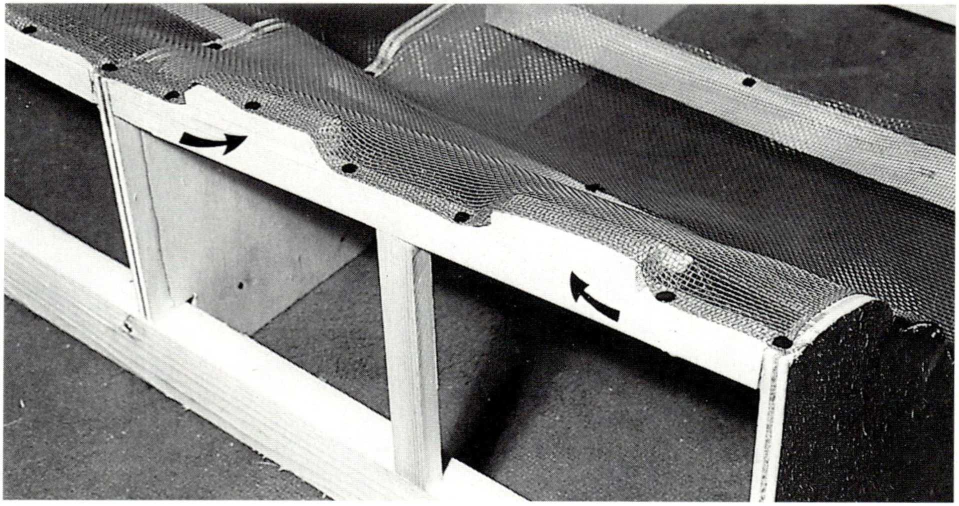

Querleisten und Stützleisten zwischen den Sperrholzspanten sorgen für Stabilität und leichteres Befestigen des Fliegengitters. Kleine Leistchenreste auf der Oberkante (s. Pfeile) lassen das Fliegengitter leichter verlegen und nicht straff gespannt wirken; dies ermöglicht eine gefälligere Gestaltung beim Spachteln. Das Fliegengitter wird mit Breitkopf-Nägelchen auf dem Holzgerüst befestigt. Bitte beachten: das Fliegengitter an den Schnittkanten etwa zentimeterbreit umknicken, damit das Gitternetz nicht ausfranst und gut am Leistengerippe hält.

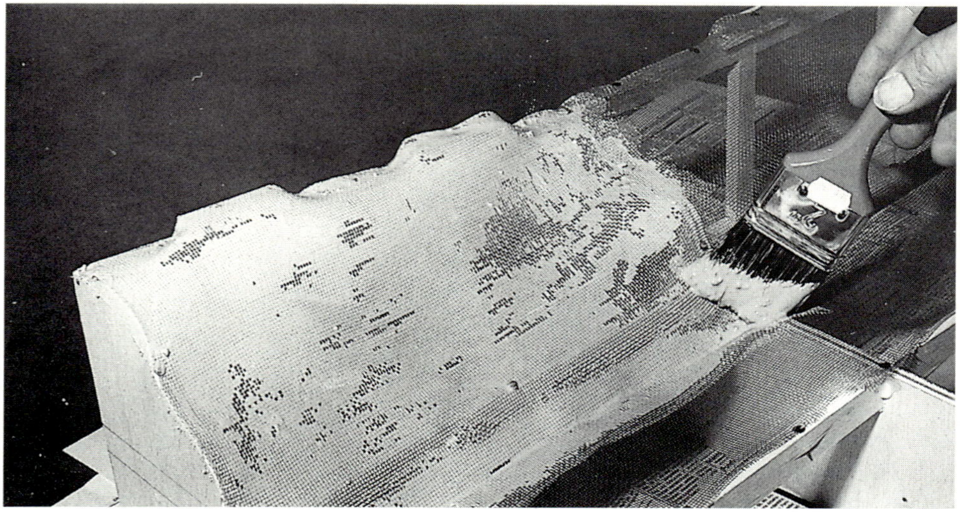

Ein Überzug aus dünnem braun eingefärbtem Spachtel-Weißleim-Gemisch gibt dem Fliegengitter erste Stabilität und ermöglicht dem Ungeübten vor dem Weiterarbeiten ein besseres Beurteilen und noch leicht mögliches Korrigieren der Landschaftsgrundform. Nicht vergessen: Zeitungen oder schützende Folie unterlegen, weil der aufgestrichene Brei unter Umständen durchtropfen kann.

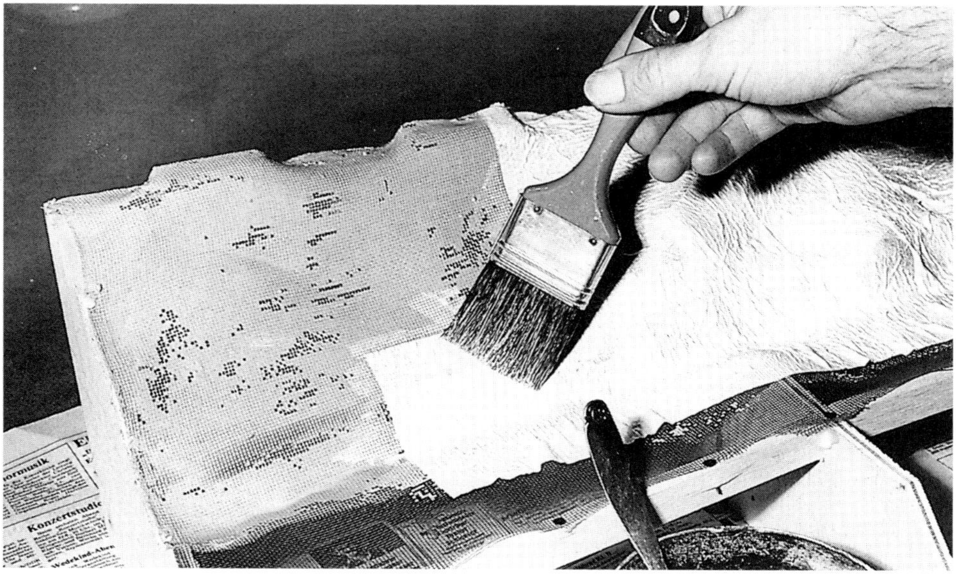

Auf den dünnen Spachtelüberzug wird rauhes Kreppapier (z. B. Toilettenpapier) aufgelegt und mit stark verdünntem Weißleim bestrichen und eingeweicht.

gemisch bestrichen wird. Dadurch wird ein besserer Zusammenhalt der Geländeform erreicht. Am nächsten Tag ist diese Geländehaut gut durchgetrocknet und in sich äußerst stabil und dennoch in Grenzen elastisch und nachgiebig gegen leichte Stöße. Nun kann die endgültige Gestaltung der Landschafts-Oberfläche erfolgen.

Zunächst beschäftigen wir uns mit den relativ glatten Flächen; das sind zum Beispiel die Untergründe für Wiesen und Felder. Für diese Landschaftsteile muß der Untergrund möglichst glatt sein, damit das spätere Aufkleben von Grasmatten und dergleichen nicht erschwert und eine möglichst naturgetreue Wirkung erzielt wird. Wie man Wiesen und Felder „baut", wird in einem späteren Kapitel ausführlich beschrieben.

Die übrigen Geländeteile werden mit einem nicht zu dünnen Spachtelbrei modelliert; dazu benutzt man ein kleines flaches Hölzchen oder einen Fugenspachtel aus Metall. Steinhänge oder Felsbrocken können mit Korkrinde-Stücken oder mit echten kleinen Steinchen dargestellt werden, die man vorsichtig in den noch weichen Spachtelbrei drückt. Man kann auch ziemlich groben Steinschotter in den Spachtelbrei mit einrühren, wodurch sich eine sehr gut wirkende Oberflächenstruktur ergeben kann. Die letzte „Bepflanzung" mit Bäumen und Sträuchern wird erst später durchgeführt.

Wenn unser Landschaftsteil gut angetrocknet, aber noch nicht ganz ausgehärtet ist, erhält es einen leichten Weißleim-Überzug; der Leim wird dazu wiederum reichlich mit Wasser verdünnt. Dieser Schutzüberzug erhöht die Elastizität der Geländehaut und wirkt einer Rißbildung entgegen. Der auf diese Weise entstandene Hügel hat ein relativ geringes Gewicht, kostet wenig und wirkt gut.

Bei diesen Arbeiten gilt es, gut aufzupassen und möglichst viel der Natur abzuschauen. Praktisch sind Vorbildfotos als Vorlage. Beim Sonntagsausflug knipst man anstelle von Tante Emma mal ein paar Landschaftsmotive, die dem geplanten Landschaftscharakter der Anlage nahekommen. Bei diesen Fotos fällt so nebenbei noch manches „Abfallprodukt" ab. So sieht man hinterher, wie Weidezäune wirklich aussehen, wie Feldwege zwischen Wiesen und Feldern angelegt werden, wie ein Bahndamm tatsächlich bewachsen ist oder wie eine kleine Lichtung mit einem Haus gestaltet werden kann. Das Vorbild – in diesem Fall die Natur – ist gerade bei der Landschaftsgestaltung im Modellbau immer noch das beste und zuverlässigste Vorbild. Und gerade ganz normale Landschaftsfotos – auch Detailaufnahmen – sind unersetzliche Hilfen für den Anlagen-Landschaftsbau, denn auch die beste Phantasie und das ausgezeichnetste Erinnerungsvermögen können ein Landschaftsfoto als „echtes Naturereignis" nicht ersetzen.

Die Styropor-Bauweise

Den Hartschaumstoff „Styropor" (unter anderen Markennamen weniger bekannt) kennt jeder: er findet sich heutzutage so gut wie überall als schützender Verpackungswerkstoff für empfindliche Produkte, die gegen Stoß beim Versand geschützt werden sollen (z. B. vielfach auch bei Modellbahn-Fahrzeugverpackungen). Die weite Verbreitung dieses Materials auf dem Verpackungssektor hat dreierlei Gründe: Styropor ist extrem leicht, Styropor ist weitgehend unempfindlich gegen Flächendruck und Styropor läßt sich maschinell in jede gewünschte Paßform spritzen. Der Vorteil des extrem geringen Gewichts hat diesen Hartschaumstoff auch für die Modellbahn-Landschaftsgestaltung interessant gemacht. „Riesige Berge" von einem Meter Höhe wiegen so gut wie nichts, während ein mit Drahtgeflecht und viel Spachtelmasse modellierter Hügel dieser Größe durchaus schon einige Kilogramm auf die Waage bringen kann.

Aber bekanntlich hat jedes Ding zwei Seiten. So auch dieser Hartschaum. Er läßt sich ein wenig unpraktisch bearbeiten. Will man ihn mit dem Messer schneiden, so neigt er zum Krümeln und an den Schnittstellen bilden sich unzählige kleine Kügelchen mit der unangenehmen Eigenschaft, überall wie die Kletten zu haften, weil die Adhäsion (= Anhangskraft) dieses Schaumstoffgefüges enorm hoch ist. Dies ist der einzige wirkliche große Nachteil von Styropor.

Zum sauberen Trennen gibt es zwar die Möglichkeit des Schneidens mit einem erhitzten Draht (als Schaumstoff-Schneidegeräte im Handel), aber man will bei der Landschaftsgestaltung ja gar keine glatten senkrechten Schnittflächen. Deshalb bleibt man bei Säge, Stechbeitel oder Bastelmesser. Die lästigen Krümel muß man während der Arbeit in Kauf nehmen; man kann sie zwischendurch mit dem Staubsauger absaugen, wenn sie allzu lästig werden.

Styropor eignet sich in erster Linie zur Modellierung größerer Hügel und anderer großflächiger Landschaftsteile, auf denen nicht betriebstechnisch wichtige Teile, wie zum Beispiel Oberleitungsmasten, befestigt werden müssen. Denn gegen punktuelle Beanspruchung ist dieses Material sehr empfindlich. Schrauben läßt sich zum Beispiel nichts; nur mit Kleben können Teile auf Styropor angebracht werden. Und sicher kleben sie nur mit Spezial-Hartschaumstoff-Kleber (Weißleim eignet sich jedoch in Grenzen auch). Mit den üblichen, lösungsmittelhaltigen Klebstoffen (z. B. Uhu, Pattex u. a.) ist bei Styropor nichts auszurichten – im Gegenteil: Styropor löst sich unter ihrer Einwirkung auf und schrumpft in sich zusammen.

Und so baut man Landschaftsteile mit Styropor: Man schneidet die Platten (sie sind in verschiedenen Stärken ab 5 mm im Baustoffhandel erhältlich) mit Messer oder Heißschneidegerät oder bricht sie entsprechend der gewünschten Grundfläche und klebt die ausgeschnittnen Formplatten schichtweise mit Spezialkleber übereinander. Muß ein Hügel hohl ausgeführt werden – weil er vielleicht von einer Bahntrasse unterquert wird –, so ist das kein Problem: die Schichtplatten werden als Ringe ausgeschnitten und übereinander geklebt. Diese offenen Ringe sparen außerdem Material. Die Gewichtsersparnis spielt dabei – im Gegensatz zu allen anderen Bauweisen – keine erwähnenswerte Rolle, weil Styropor, wie schon gesagt, sowieso „so gut wie nichts" wiegt.

Natürlich muß man die einzelnen Schichten nach dem Trocknen noch etwas mit Spachtel ausgleichend modellieren, damit die Landschaft nicht wie ein „Schichtkuchen" wirkt; das bringt dann wieder Gewicht!

Ein abschließender Überzug mit verdünntem Weißleim, dem eine beige-braune Trocken- oder Abtönfarbe zugesetzt wird, schützt das Gelände gegen sichtbare leichte Beschädigungen. Es bleibt allerdings immer empfindlich gegen Stoß – leicht kann mal ein Eckchen abbrechen und das weiße Styropor wird sofort sichtbar, da es sich nicht durchfärben läßt. In jedem Fall empfiehlt es sich bei dieser Baumethode, zunächst einmal einige Versuche zu starten, um das Material und seine Eigenschaften kennenzulernen.

Die Dämmplatten-Bauweise

Um einiges schwerer als Styropor, aber immer noch wesentlich leichter als Holz sind die sogenannten Weichfaser-Dämmplatten; man benutzte sie früher z. B. als Isolierplatten beim Ausbau von Dachgeschossen. Heute sind sie aus dieser Funktion weitgehend durch modernere Bau- und Isolierstoffe verdrängt worden. Aber für den Modell-Landschaftsbau sind Weichfaser-Dämmplatten nach wie vor interessant durch ihren schichtförmigen Aufbau, der sich sehr gut zum Modellieren eignet.

Hügel aus Dämmplatten lassen sich beispielsweise deutlich leichter aufbauen als solche aus Styropor, weil die an den Bruch- bzw. Schnittstellen waagerecht verlaufenden Materialfasern (mit sehr lockerem Gefüge) den Gesteinsschichten in der echten Landschaft sehr viel näherkommen. Und noch einen Vorteil haben Weichfaser-Dämmplatten: Sie lassen sich wie Holz oder Pappe mit jedem handelsüblichen Weißleim oder auch mit Alleskleber verkleben; man benötigt also keinen teuren Spezialkleber. Auch sind sie im Gegensatz zu Styropor wesentlich unempfindlicher gegen punktförmige Belastungen, vertragen also nicht nur gut verteilten Flächendruck.

Dämmplatten besitzen stark feuchtigkeitsaufsaugende Eigenschaften, die zu einem Quellen des Materials führen können. Kleinere Abfallstücke lassen sich leicht zerkleinern und zwischen den Fingern zerkrümeln. Mit Weißleim und ein wenig Spachtelzusatz (z. B. Moltofill) zu einem mehr oder weniger dicken Brei angerührt, ergibt sich ein für die Feinheiten der Landschaftsgestaltung besonders geeigneter „Spezial-Spachtel", mit dem sich landschaftliche Unebenheiten, unerwünschte Fugen und vieles andere mehr zuspachteln oder modellieren lassen. Mit dieser buchstäblichen Schichtbauweise kommt auch ein Anfänger gut zurecht, weil sich die einzelnen, 10–20 mm dicken Plattenstücke in Ruhe zurechtrücken lassen und man nicht auf einmal ein größeres Geländeteil aus einem Stück formen muß.

Die Hartschaum-Bauweise

In den letzten Jahren sind Hartschaumstoffe auf Polyurethan-Basis auch für den Kleinverbraucher in den Blickpunkt des Interesses gerückt worden. Unter den verschiedensten Produkt-Bezeichnungen wie Bauschaum, Füllschaum oder Montageschaum bzw. Montagekleber findet man diesen vielseitigen und heute fast schon unentbehrlich gewordenen Schaumstoff in den Regalen aller Heimwerker-Geschäfte und Do-it-yourself-Abteilungen der Kaufhaus-Fachabteilungen und Supermärkte.

Nun hat diese moderne Hartschaum-Bauweise – wie könnte es anders sein – auch einen Haken: Man muß sich vor Beginn sorgfältig überlegen, was man ausschäumen will, welche Grundform das Geländeteil haben soll und wie Begrenzungen dieser Landschaftsteile vor dem Ausschäumen gesetzt werden müssen, damit der Schaum nicht buchstäblich „ins Uferlose" verläuft. Denn Polyurethan-Schaum hat die Eigenschaft, sich um ein Vielfaches auszudehnen und sich wie Lava über das Gelände zu verteilen, wenn ihm nicht Einhalt geboten wird. Und der Schaum klebt zunächst fürchterlich (deshalb unbedingt dünne Plastikhandschuhe überstreifen!), bis er sich nach etwa zwanzig Minuten langsam festigt. Nach etwa zwei bis drei Stunden ist der Schaum ausgehärtet und kann mit Messer, feiner Stichsäge, Feile, Stechbeitel oder Schraubendreher ganz nach Wunsch (wie von einem Bildhauer) bearbeitet, gespachtelt oder durch andere Korrekturen in die gewünschte Form gebracht werden. Ähnlich wie Styropor ist dieser Hartschaum auch bei relativ großen Landschaftsteilen so gut wie „gewichtslos" – ein nicht zu unterschätzender Vorteil beim Modell-Landschaftsbau.

Doch – wie schon eingangs angedeutet – muß die quellende Schaumflut in vernünftige Bahnen gelenkt werden, damit sie sich nicht dahin ausdehnt, wo man sie gar nicht haben will, zum Beispiel in Tunnelstrecken, die sich nachher nicht wieder „freischaufeln" lassen.

Man muß deshalb so etwas wie eine Form bauen, damit man nichts vom teuren Material vergeudet und den Schaum möglichst gleich in die grobe Endform spritzen kann. Anschließend bleibt dann nur noch die unumgängliche Feinarbeit mit den genannten Bearbeitungswerkzeugen.

Obenauf legt man eine dünne Polyäthylen-Klarsichtfolie (sie haftet nicht am Schaum), um die üppig schäumenden Landschaftsformen bei Bedarf noch vor dem Aushärten in die gewünschte „Generalrichtung" drücken zu können. Der Schaum wird von oben durch ein Loch in der Folie eingespritzt. Ein wichtiger Hinweis: Die Verarbeitungsvorschriften des jeweiligen Schaum-Herstellers sind in jedem Fall genau zu beachten!

Feste Pappstreifen für Tunnelstrecken, eine genügende Anzahl von eingegossenen Stromzuführungsleitungen, Stützen für das spätere Verlegen von Trassenbrettchen für Gleise usw. sind vor dem Ausschäumen zu montieren, denn direkt auf dem ausgehärtetem Schaum empfiehlt sich das Verlegen der Gleise nicht.

Entscheidend für die Durchhärtung und die Raumausdehnung des fertigen Schaumgebildes ist die vorhandene Luftfeuchtigkeit. Deshalb empfiehlt sich in jedem Fall ein Aussprühen des Haftuntergrundes und der seitlichen Formbegrenzungen mit Wasser (zum Beispiel mit einer Plastik-Waschesprühflasche).

Das Herausarbeiten der gewünschten endgültigen Geländeform mit Bastelmesser, Stichsäge oder anderem Werkzeug erfordert – wie auch bei anderen Bauweisen – schon ein wenig künstlerisches Geschick, um aus dem ein wenig ungefügig wirkenden erhärteten Schaumblock die Konturen einer Landschaft herauszuarbeiten, die man sich vorgestellt hat.

Dieses Verfahren ist trotz seiner Vorteile (geringes Gewicht der Landschaft) ein wenig umständlich und sollte eigentlich kleineren Landschaftsteilen und dem Dioramenbau vorbehalten bleiben, zumal die abschließende Feinarbeit mit Geländespachtel, Farben usw. keineswegs entfällt. Und die anfallenden Schaumkrümel beim Schneiden oder Sägen sind nicht minder lästig wie bei der Styropor-Bauweise.

Zweifelsfreie Vorteile der geschäumten Landschaft: sie ist im Endeffekt preiswert, hat ein extrem geringes Eigengewicht und ist ziemlich unempfindlich. Vielleicht versuchen Sie einmal einen „kleinen Probehügel" nach dieser Baumethode, bevor Sie sich endgültig für eine der hier beschriebenen Bauweisen entscheiden.

Neben diesen wichtigsten und bekanntesten Methoden des Modell-Landschafts-"Formenbaus" gibt es noch eine Reihe anderer, zwar weniger bekannter und meist auch in den Arbeitsgängen und im Ergebnis nicht so befriedigender Methoden, die vielleicht von irgend jemandem empfohlen wurden, oder man findet selbst während des Bauens eine vielleicht noch rationellere Kombination verschiedener Arbeitsweisen für den eigenen Gebrauch. Probieren geht über Studieren.

Anstelle von Fliegengitter oder Wellpappe kann beispielsweise auch Sisal (grobes Sackleinen) oder gewöhnliches, nicht zu feines

Leinen in ähnlicher Form als Trägermaterial für die Modell-Landschaft verwendet werden. Sackleinen gewinnt durch Tränken oder Bestreichen mit Weißleim genauso an innerer Festigkeit wie Wellpappe. Auch in Leimlösung getränkte Gipsbinden (jeder Wintersportler dürfte sie kennen) eignen sich für die Modell-Landschaftsgestaltung.

Nach diesem etwas grob gefaßten Überblick über die verschiedenen gebräuchlichen Methoden und das Arbeiten mit den einzelnen Materialien geht es nun in die Detailgestaltung – das A und O des eigentlichen Landschaftsbaus. Denn das Wissen um die geeignetste oder angenehmste Baumethode nutzt nur wenig, wenn man nicht weiß, wie das „Drumherum", wie die Details aussehen sollen oder aussehen können. Und gerade die vielen vorbildgerecht gestalteten Einzelheiten sind es, die einer Anlage das unbeschreibliche Flair einer „richtigen" und „schönen" Modellbahn-Anlage aufprägen.

Zusammenfassung

Was man an Werkzeugen und Hilfsmitteln braucht für den Landschaftsbau – das ist wenig. Viel Phantasie braucht man aber und die Kenntnis der verschiedenen bewährten Grundbaumethoden für das Landschaftsgerippe, die sogenannte Landschaftshaut. Die Wahl zwischen Fliegengitter-/Vlies-Bauweise, Styropor, Dämmplatten- oder Hartschaum-Bauweise mit ihren unterschiedlichen Arbeitsmethoden und Anwendungsgebieten wird anschaulich durch viele Beispiele, die den Selbstbau erleichtern und beschleunigen.

3 Ein Bett für die Gleise

Gemeint ist der Bahndamm – jedes Gleisbett ruht in der Regel auf einem massiven Bahndamm. Er dient nicht nur als fester Untergrund für das Gleisbett, sondern vor allem als Ausgleich für Niveau-Unterschiede in der Landschaft. Die Bahnlinie soll schließlich nicht nur auf dem kürzesten Weg ihr Ziel erreichen, sondern auch Steigungen und Neigungen vermeiden.

Welche Gestaltungselemente der Bahndamm für den Modellbauer bietet und wie man Bahndämme richtig im Modell nachbildet, wird in diesem Kapitel anhand von Beispielen und vielen zeichnerischen Vorschlägen eindrücklich erläutert. Und diese Hinweise sind wichtiger, als es auf den ersten Blick scheint. Denn die Erfahrung lehrt es in allen Bereichen: Oftmals wird am verkehrten Ende gespart. Was das mit Bahndämmen zu tun hat? Nun, ganz einfach: Bahndämme auf Modellbahn-Anlagen sind vielfach zu schmal, zu steil und zu hoch. Sie wirken wie Deiche, die beim ersten Hochwasser zusammenbrechen. Und was fast noch schlimmer ist: Sie „erschlagen" ein ansonsten gutes Anlagengesamtbild durch ihre unsachgemäße Ausführung.

Dabei ist es so leicht, einen vorbildgerechten Bahndamm zu bauen, wenn man weiß, welche Grundregeln dabei beachtet werden müssen und mit welchen Baumethoden, Tricks und Kniffen man unliebsame Probleme ziemlich einfach lösen kann.

Der Damm als ruhender Pol

Zunächst: Auch bei den Bahndämmen gilt wieder das im ersten Kapitel über die „verkürzte Natur" Gesagte. Ein richtig gestalteter beim Vorbild mehrere Meter hoher Bahndamm wirkt auf einer Modellbahn-Anlage meistens wie ein ungeschlachter Klotz. Das heißt, seine Abmessungen erscheinen (auch wenn sie völlig richtig sind) zu groß; seine Gesamtwirkung ist überbetont im Vergleich zur übrigen Anlage. Man muß also auch beim Bahndamm in gewisser Weise „die Natur verkürzen". – Richtig! Aber diese Verkürzung muß sorgfältig durchdacht und richtig ausgeführt werden. In den Grundmaßen des Bahndamms (Querschnitts-Abmessungen) kann nichts verändert werden, damit die Vorbildtreue erhalten bleibt.

Genau wie bei der Gestaltung von Hügeln gilt auch bei Bahndämmen: sie dürfen nicht sinnlos „aus der Wiese wachsen". Das heißt: der Bahndamm muß sich der vorhandenen Landschaft ringsherum anpassen, oder: die Landschaft muß auf den Bahndamm abgestimmt werden.

Um einen Bahndamm nicht klobig wirken zu lassen, gibt es eine einfache Methode, die zudem eine gewünschte optische Auflockerung in das Gesamtbild der Modellbahn-Anlage bringt. Man geht davon aus, daß die Bahnlinie nach Möglichkeit ohne vermeidbare Steigungen bzw. Gefälle verlegt wird. Das ist vorbildgerecht und kommt auch der nicht immer überragenden Zugkraft von manchem Modell-Triebfahrzeug entgegen. Statt dessen werden Landschaft und Straßen mit „Steigungen" eingeplant. Dadurch erscheint der Bahndamm nicht an jeder Stelle gleich hoch und gleich breit – er wirkt deshalb viel gefälliger und natürlicher. Zusätzliche Stützmauern, Abfangbauwerke und andere Kunstbauten (die im nächsten Kapitel anhand von Einzelbeispielen noch ausführlicher vorgestellt werden) lassen den Bahndamm so wirken, wie er auch draußen beim Vorbild aussieht.

Bleiben wir zunächst beim eigentlichen Bahndamm, dem wohl wichtigsten „Zubehör" einer Modellbahn-Landschaft. – Der Bahndamm besteht beim Vorbild aus dem Unterbau (als „Bahndamm" bekannt) und dem Oberbau mit Gleisbettungskörper (Schotterbett), Schwellen und Schienen. Wie

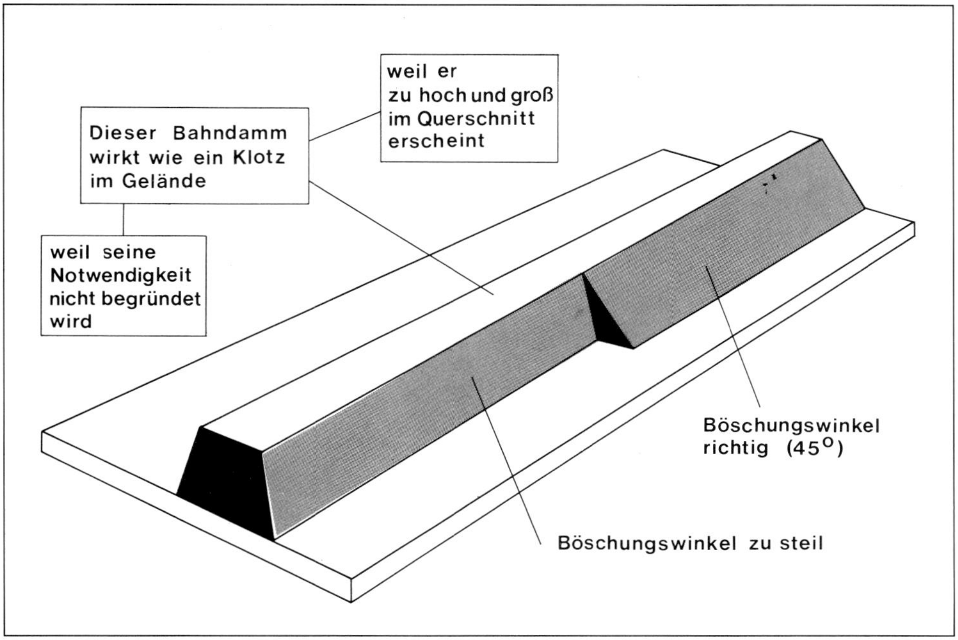

Die Skizze zeigt zwei Grundfehler, die man mit den Bahndämmen in die Modellbahn-Landschaft „einbauen" kann: Erstens ist der Bahndamm im vorderen Bereich zu steil und damit viel zu schmal, und zweitens ist er auf diesem Teilstück mit flachem Gelände sinnlos hoch angelegt. Diese zu hohen Dämme, die wegen Steigungsstrecken und Gleisverschlingungen auf verschiedenen Ebenen manchmal erforderlich erscheinen, lassen sich z. B. durch „hängende Schluchten" oftmals vermeiden (s. Kapitel über Brücken).

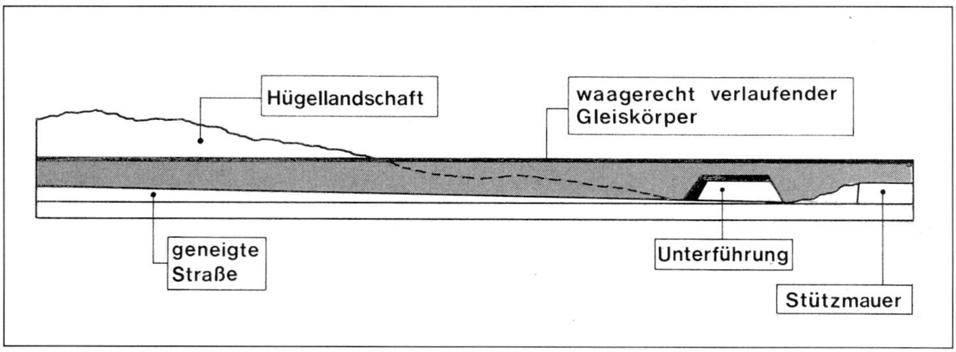

Der Bahndamm muß in der Modellandschaft einen ruhenden Pol bilden, schließlich soll er die Bahnlinie ohne überdurchschnittlich starke Steigungsstrecken führen. Die Skizze veranschaulicht das: Der Damm wird weitgehend waagerecht geführt, geneigt ist dagegen die Straße (vor dem Damm) und die Landschaft (hinter dem Damm). Auf diese Weise wird der Bahndamm in die Landschaft einbezogen, wirkt nicht wie ein ungeschlachteter Fremdkörper und führt die Strecke trotzdem waagerecht weiter.

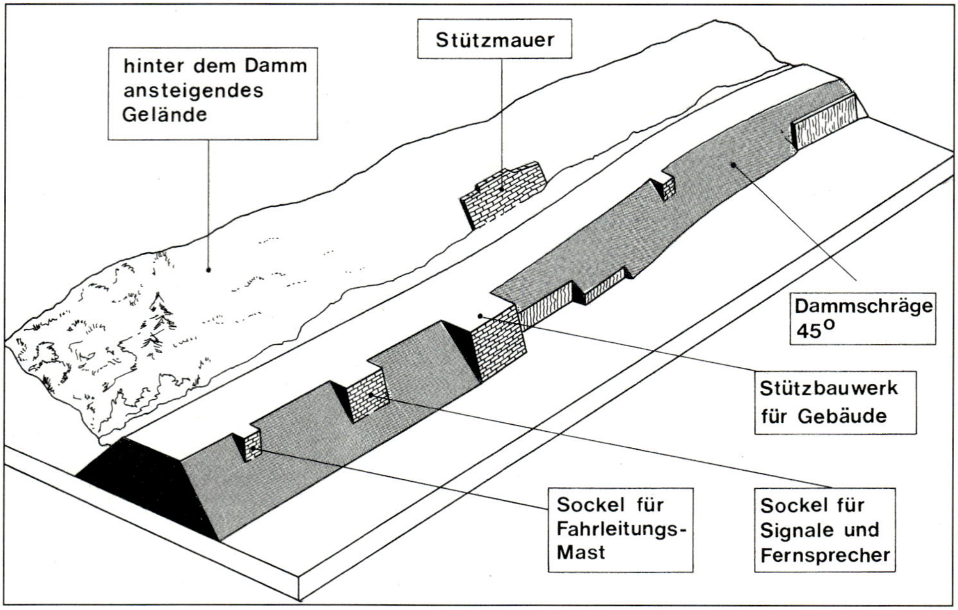

Stützmauern, Stützbauwerke und hinter dem Damm ansteigendes Gelände lassen den Bahndamm trotz vergleichsweise voluminöser Vorbild-Abmessungen nicht klobig in der Modellandschaft wirken – im Gegenteil: Die verschiedenen Sockel, Stützbauwerke und Mauern bringen eine erwünschte optische Auflockerung in das Gelände.

der Querschnitt von Unterbau und Oberbau beim Vorbild – demzufolge auch beim Modell – aussieht, zeigen die Abbildungen. Überhaupt sollen in diesem und auch in den übrigen Kapiteln mehr die Beispiele und Bilder erklärend wirken als viele Worte.

Der richtige Querschnitt

Der praktische Aufbau des Damms, gleichgültig, ob für eine ein- oder mehrgleisige Strecke entworfen, ist einfach. Der Damm soll die Gleistrasse aufnehmen, muß also auch den Anforderungen an die Stabilität entsprechen. Dafür sorgen Querschnitt-Tragstützen aus 8–10 mm dickem Sperrholz, die in Abständen von etwa 20 cm gesetzt werden und den 45°-Winkel der Dammschräge berücksichtigen. Die durchbiegungsfreie Auflage für die später zu verlegenden Gleise bildet ein etwa 6 mm dickes Sperrholzbrett, das gegebenenfalls durch Unterkleben einer Leiste zusätzlich gegen Durchbiegen gesichert werden kann.

Die seitlichen Böschungen werden mit dünnem Sperrholz, Wellpappe oder auch – wie im vorigen Kapitel gezeigt – mit Fliegengitter geschlossen, verspachtelt und mit Grasmatte beklebt. Grasmatten sind entweder selbstklebend oder können mit gewöhnlichem Weißleim (z. B. Ponal) auf der Unterseite bestrichen werden.

Die Bahndammkrone – die obere Gleisauflagefläche des Damms – sollte in Baugröße H0 auf keinen Fall schmaler als etwa 80 mm sein, damit neben dem Schotterbett noch jeweils ein etwa 2 cm breiter freier Streifen verbleibt, zum Beispiel für das Aufstellen von Signalbaken, Weichen- und Signalstelldraht-Führungen, schmalen Masten usw.

Bei doppelgleisigen Strecken ist die Dammkrone entsprechend breiter anzulegen (in H0 etwa 140 mm).

Diese Minimalbreite des Bahndamms reicht aber immer noch nicht aus, um Signale, Streckenfernsprecher, Fahrleitungsmasten und andere Gegenstände zu montieren, ohne daß sie den Fahrbetrieb stören. Das zeigt schon ein einfacher Versuch mit einer Lichtraumprofillehre. Nun muß man den Damm deswegen nicht gleich um einige Zentimeter verbreitern. Statt dessen sieht man an den erforderlichen Stellen Betonsockel, gemauerte Vorsprünge oder andere durch Stützmauern abgefangene Bahndamm-Verbreiterungen vor. Diese „gemauerten Kunstbauten" sind nicht nur in jeder Hinsicht vorbildgerecht, sondern sie bringen für den Modell-Bahndamm auch eine gewünschte optische Auflockerung.

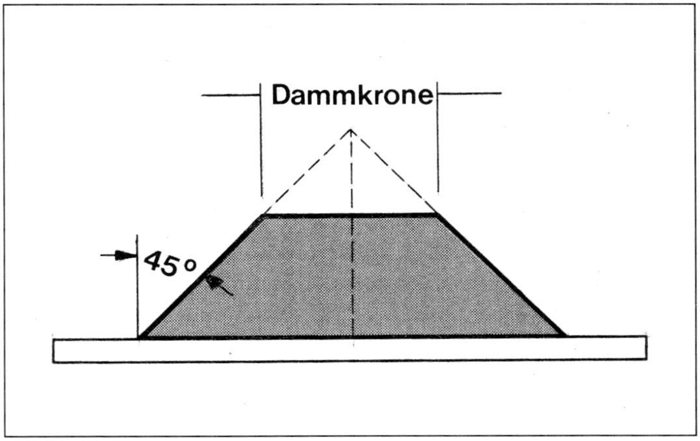

Querschnitt durch einen vorbildlichen Modellbahndamm. Wichtig: Der Böschungswinkel von 45° muß eingehalten werden. Auf keinen Fall darf der Bahndamm steilere Böschungen haben.

Auch der Gleisoberbau – das Schotterbett – gehört mit zur Gestaltung des Bahndamms. Man kann die Gleise nicht einfach auf die Sperrholz-Decklage „draufknallen" – das wäre aus mancherlei Gründen falsch. Entweder wird die Holzunterlage der Bahndammkrone mit passend zugeschnittenen Korkstreifen beklebt oder aber – die noch bessere und zweckmäßigere Methode – mit einem in Bahndammkronenbreite zugeschnittenen Streifen aus Zell-Kautschuk. Das ist ein feinporiges dunkelgraues gummiähnliches Material, das sich mit Messer und Schere leicht bearbeiten läßt. Sein zusätzlicher großer Vorteil: Zell-Kautschuk hat eine hervorragende geräuschdämmende Eigenschaft, die sich nach dem späteren Aufkleben (nicht Aufnageln!) der Gleise besonders positiv durch kaum mehr wahrnehmende Resonanzerscheinungen bemerkbar macht. – Man bekommt diesen Kunststoff als Meterware von der Rolle in verschiedenen Stärken im Gummi- und Kunststoffhandel oder – in selbstklebender Ausführung – bei IMT in Wuppertal.

Nach Aufkleben der Kautschukbahn (mit Pattex oder Greenit) wird der Oberbau-Querschnitt mit schräg angesetztem Bastelmesser in die richtige Gleisbettform gebracht. Bei zweigleisiger Trasse ist in der Mitte ebenfalls eine beidseitig schräge Vertiefung einzuschneiden, damit der Profilquerschnitt des Gleisbetts dem Vorbild entspricht (siehe Skizze).

Übrigens: Auch wenn Sie zur Zeit der Anlagenplanung noch nicht an den Bau einer Oberleitung auf ihrer Anlage denken sollten, bauen Sie im wahrsten Sinne des Wortes vor und lassen Sie genügend Platz für die nachträgliche Montage von Fahrleitungsmasten. Bei ganz schwierigem Bahndammgelände sollte man die Befestigungssockel am besten gleich mit einbauen, um später den mühevoll detaillierten Damm nicht unnötig in Teilen wieder aufreißen zu müssen. Die Mastmontage geht dann schneller.

Der eingangs gegebene Hinweis auf das „Lichtraumprofil" der Fahrzeuge sollte bei allen Bahndamm-Bauarbeiten (und auch bei den in späteren Kapiteln beschriebenen Arbeiten wie Brücken- und Tunnelbau) immer wieder durch zwischenzeitliches Überprüfen beherzigt werden. In keinem Fall darf das sogenannte Lichtraumprofil – die äußere

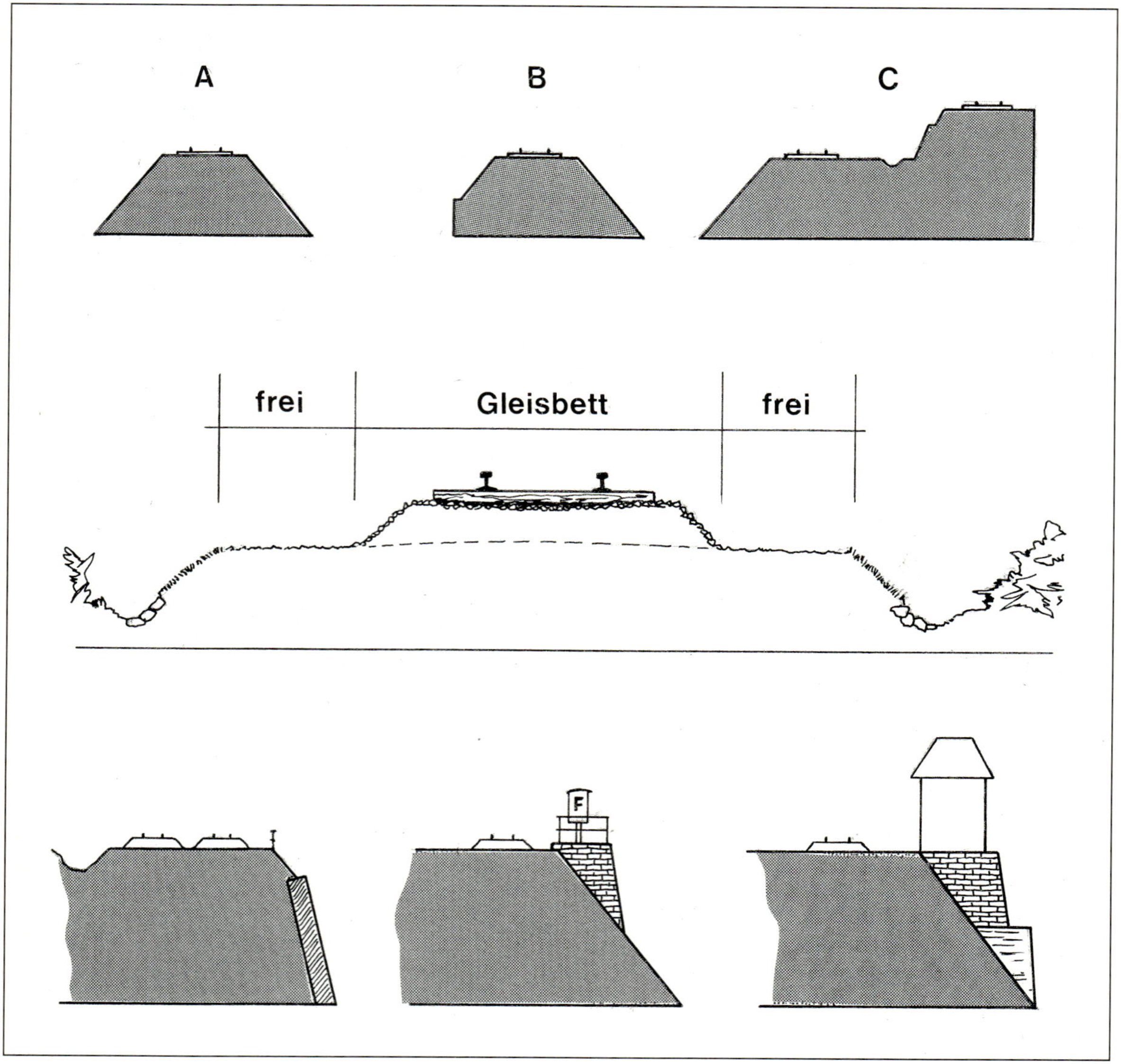

Eine Auswahl verschiedener möglicher und richtig ausgeführter Bahndamm-Querschnitte. In der oberen Reihe der übliche freistehende Damm (A), daneben ein durch eine Stützmauer einseitig schmaler gehaltener Damm (B) und ein Dammbau für zwei unterschiedlich hochliegende Strecken (C). In Bildmitte ist der grundsätzliche Aufbau eines flachen Bahndamms zu sehen. Man beachte auch die im Modell oft vernachlässigten Wasserrinnen, die zum Teil mit Schotter oder Pflasterstein-Imitationen befestigt sein können. Der Freiraum neben dem Gleisbett kann für Signalleitungen, Signale, Baken usw. dienen und ist unverzichtbar. Die untere Skizzenreihe zeigt drei verschiedene Beispiele für Stützmauern am Bahndamm und Stützbauwerke für Fernsprecher, Seilwerke, Signale und andere Betriebseinrichtungen, die unmittelbar am Bahndamm zu finden sind. Besonders bei parallel verlaufenden Straßen wird man kaum Bahndämme finden, die nicht durch Stützmauern oder andere Abfangeinrichtungen schmaler im Querschnitt gehalten sind.

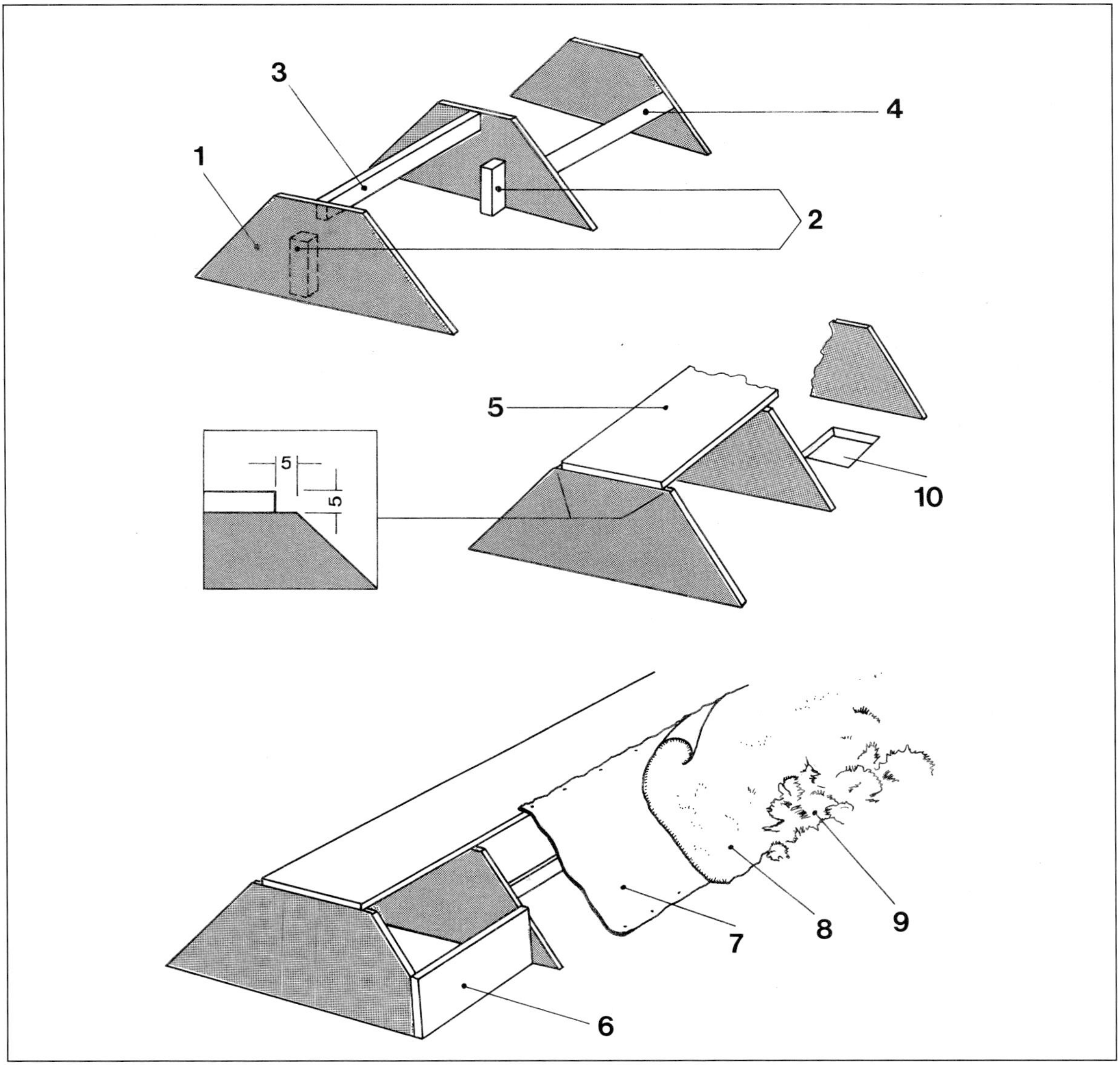

Diese Aufbauskizze beschreibt bildlich die Arbeitsfolgen beim Bau eines vorbildgerechten Bahndamms. Zuerst werden die Querschnitt-Profilbretter (1) an Stützklötzen (2) auf dem Anlagengrundrahmen befestigt. Zur durchbiegungsfreien Auflage der Gleistrasse (5) dienen Versteifungsleisten (3). Unter Umständen empfehlen sich bei größeren Böschungen auch seitliche Versteifungen (4). Die Trassenbrettchen müssen je etwa 5 mm schmaler sein als die Bahndammkrone der Querschnittstützen (s. Detailskizze im kleinen Kasten), damit die Dammschräge ohne Unterbrechung im 45°-Winkel verläuft. – Für Stützmauern usw. müssen bereits in der Grundkonstruktion entsprechende Sperrholzbrettchen (6) eingeplant werden. Dann wird auf den Böschungsschrägen Fliegengitter oder Pappe (7) befestigt. Darauf kommt die Geländehaut bzw. Grasmatte (8), abschließend wird die untere Kante mit Buschwerk o. ä. (9) kaschiert. Nicht zu vergessen: eventuell genügend große Eingriffsöffnungen in der Grundplatte (10), um notfalls an Magnetartikel (Signale, Weichen) von unten heranzukönnen.

Umgrenzung des oberhalb der Gleise für den Fahrzeuglauf freizuhaltenden Querschnitts – unterschritten werden. Je nach Einsatz verschiedener industrieller Fahrzeugfabrikate mit unterschiedlichen Breiten- und Längenabmessungen ist gegebenenfalls eine Erweiterung in Höhe oder Breite erforderlich. Dies läßt sich mit einer selbstgebauten Lichtraumprofillehre überprüfen (für H0 gibt es sie als einstellbare Lehre beispielsweise bei Sommerfeldt).

Am besten fährt man zu gegebener Zeit mit dem größten und längsten vorhandenen Fahrzeug die Strecke ab, um eventuell vor Festlegen der letzten Details noch kleine Korrekturen vornehmen zu können. Insbesondere bei kleinen Gleisradien und Tunnelstrecken in Gleisbögen sind Erweiterungen gegenüber den in Tabellen angegebenen Maßen zu berücksichtigen, damit die Fahrzeuge nicht anecken. Die NEM-Maße können hier nur Richtwerte sein (siehe Normblätter).

Zusammenfassung

Bahndämme sind das wichtige Bett für den Gleiskörper der Modellbahn. Sie sollen möglichst mit ihrer Oberkante waagerecht verlaufen, um unnötige Steigungen zu umgehen. Der Bahndamm-Querschnitt muß ausreichend bemessen sein und soll einen Neigungswinkel von 45° haben. Mauer und Sockelvorsprünge dienen zur Aufnahme von Signalen, Fahrleitungsmasten und kleinen Gebäuden; sie tragen zur notwendigen optischen Auflockerung des sonst relativ massig wirkenden Bahndamms bei.

4 Fahrweg-Stützen

Nur selten läßt sich im Modellbahnbau aus der Not eine Tugend machen – und schon gar nicht aus der Platznot. Nur die Bahndämme bilden eine Ausnahme: Wenn der Platz für einen normal breiten Bahndamm nicht ausreicht, werden Stützmauern und Stützbauwerke verschiedenster Art und Konstruktion, aufgeständerte Fahrbahnen und andere Kunstbauten vorgesehen. Dies bringt für die Modellbahn-Anlage reizvolle Gestaltungsmöglichkeiten.

Draußen im freien Gelände kann es sich die Bahn leisten, die Gleise auf „normalen Dämmen" zu verlegen, die einen seitlichen Böschungswinkel von je 45° haben. Doch je nach Höhe des Bahndamms nimmt die Breite dieses künstlich aufgeschütteten Damms am unteren Ende deutlich zu. – Führt die Bahnlinie durch bebautes Gelände, wird man sich den Luxus eines normal aufgeschütteten Bahndamms in den meisten Fällen kaum mehr leisten können, weil der teure Platz nicht zur Verfügung steht.

Der Bahndamm muß also in diesen Fällen – auf einer Modellbahn ist das fast die Regel – in seiner unteren Breite schmaler ausgeführt werden. Das kann nun nicht etwa dadurch geschehen, daß man den Böschungswinkel einfach ändert – das wäre ein unrealistisches Unterfangen. Leider trifft man solche viel zu steilen Bahndämme heute noch recht oft auf ansonsten gut gestalteten Anlagen an.

Das muß nicht sein, denn gerade für diese oft auftretende Situation des akuten Platz-

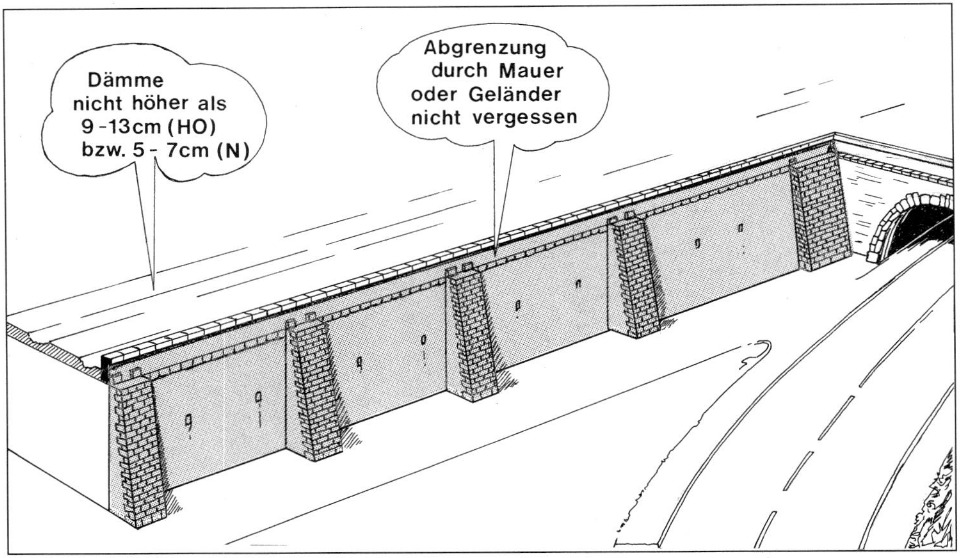

Zwei Grundsätze, die bei Dammbauten leider oft nicht beachtet werden: Die Dammhöhe darf nicht zu groß sein, damit das Bauwerk nicht unnatürlich und klobig wirkt, und die Abgrenzungen durch Mauern, Geländer usw. dürfen nicht vergessen werden. – Die Skizze zeigt ein Dammbauwerk in Betonbauweise; die Mauersteine dienen nur zur Verblendung der Stützpfeiler, eine Auflockerung der Betonwand. Zubehör-Hersteller bieten hierzu eine Vielzahl von Angeboten.

mangels auf der Modellbahn bieten sich viele vorbildgerechte Lösungen an, die zudem den großen Vorteil auf sich vereinigen, das Gesamtbild der Modellbahn-Anlage optisch reizvoll aufzulockern und zahlreiche alternative Gestaltungsarten zur Auswahl anzubieten. Das hilft, ein uniformes Aussehen der Anlage zu vermeiden. Wir schlagen in diesem Fall aus der leidigen Platznot Kapital: Der notwendige verringerte Platzbedarf eines Bahndamms innerhalb „bebauter" Gebiete bringt die Möglichkeit der optischen Auflockerung der Bahndamm-Konstruktionen, ohne nur als offensichtlicher Selbstzweck zu dienen.

Besonders innerhalb einer Ortschaft in Bahnhofsnähe findet man kaum normale, aufgeschüttete Bahndämme, sondern Stein-, Stahl- oder Betonbauwerke, die als Fundament für die höher liegende Bahntrasse dienen. Die Gestaltung dieser Bauwerke bietet sich in vielen Variationen zum Nachbau im Modell an. Zum Beispiel können Diensträume, Ladengeschäfte, Ausstellungsräume, Werkstätten usw. in den Bahndamm einbezogen werden. Dazu wird in diesem Kapitel eine Reihe von Bildbeispielen und Ausführungsvorschlägen gezeigt, die sich fast beliebig fortsetzen ließen. Übrigens (falls Ihnen die hier gezeigten Vorschläge nicht ausreichend erscheinen): In jeder Stadt finden sich in Bahnhofsnähe viele individuelle Anregungen zu diesem Thema.

Gestaltungselemente

Speziell bei kleinen Vorort-Bahnhöfen bietet sich der gemauerte Bahndamm als Gestaltungselement an. Zum Beispiel kann vom hochgelegenen Empfangsgebäude ein Niedergang unter Einbeziehen einer Straßenüberführung auf das tiefer gelegene Bahngelände geschaffen werden, das allseits von künstlichen Dammbauten „eingerahmt" ist und ein Minimum an Fläche beansprucht.

Hier ein skizziertes Beispiel für eine Gleisüberführung von zwei doppelgleisigen Bahnlinien. Die schrägen Abstützungen des Damms innerhalb der mit Mauerwerk verblendeten Nischen deuten noch die ursprüngliche Form eines Bahndamms an. Auch dieser Damm kann im Modell aus Sperrholz mit Mauersteinfolie aufgebaut oder aus Mauersteinplatten gestaltet werden.

Eine weitere Möglichkeit, künstliche Dammbauten als zwingend erforderlich darzustellen, ist sogenanntes „schwieriges Gelände". Fast senkrecht aufgebaute Stützmauern mit entsprechenden Verstärkungspfeilern, kurze Mauer-Überbauten über die Gleisanlage (auch erforderlichenfalls in Form von Geröll- oder Lawinenschutzbauwerken), gemauerte oder betonierte Sockelvorsprünge für Signale, Stellwerke und andere kleinere Hochbauten bieten eine Fülle von Möglichkeiten, um jeden Bahndamm gestalterisch vorbildnah zu entwerfen und zu bauen, ohne das Endprodukt spielzeughaft wirken zu lassen.

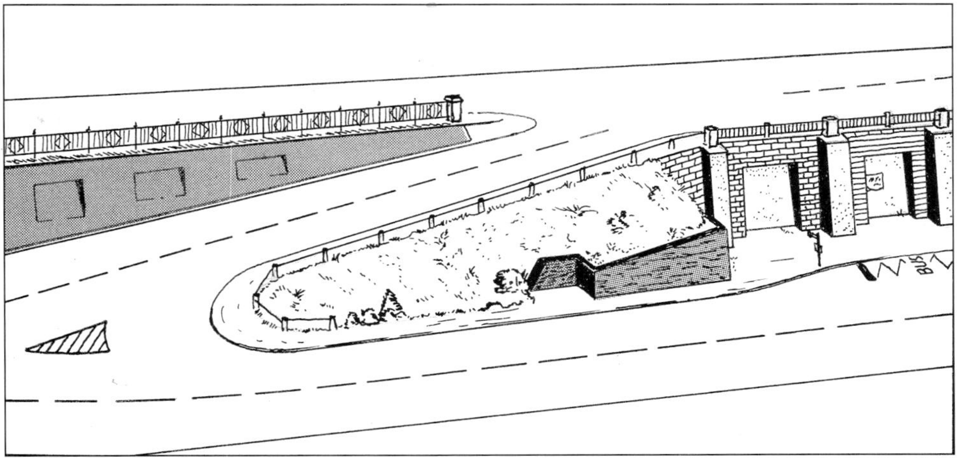

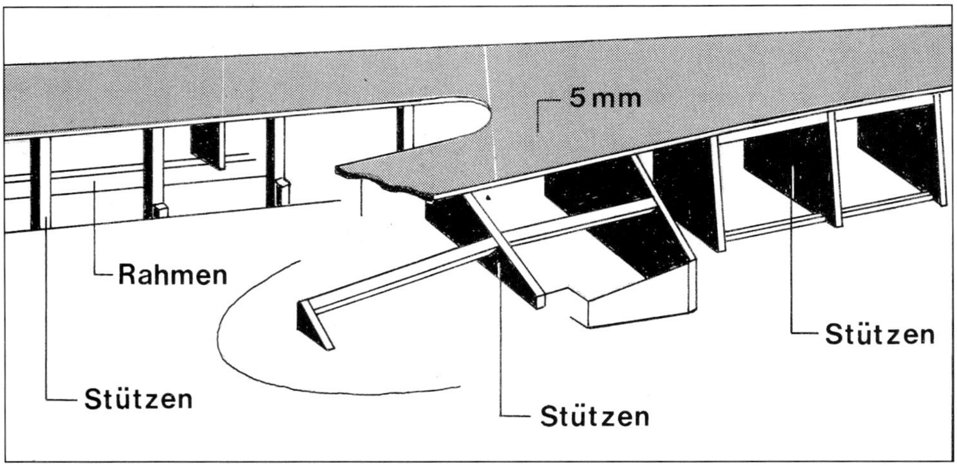

So kann eine Auffahrt zum höher gelegenen Gleisniveau gestaltet werden (zum Beispiel die Auffahrt zur Ortsgüteranlage). Die aus 5 mm Sperrholz bestehende Straßentrasse ruht seitlich auf Stützklötzen, die am Anlagengrundrahmen befestigt sind. Stützen aus 8–10 mm Sperrholz unter der Straße dienen gleichzeitig als Anlagefläche für die schräge Stützmauer, die zur Straßeneinmündung in eine aufgeschüttete Böschung übergeht. Eine Situation, die auf vielen Modellbahn-Anlagen in dieser oder ähnlicher Form auftreten dürfte.

„Bogen" – durch die Stadt gezogen": Dieses sehr gut wirkende Bahndamm-Bauwerk ist Bestandteil einer fertig erhältlichen Hintergrundkulisse der Firma MZZ (s.a. Kapitel „Rand-Bemerkungen" über Kulissen).

Doch die meisten Anregungen für Bahndamm-Kunstbauten finden sich zwangsläufig – wie schon anfangs angedeutet – innerhalb bebauter Gebiete, da hier teurer Grund und Boden nach Möglichkeit mehrfach genutzt werden soll. Neben den erwähnten Dämmen mit Geschäfts- und Diensträumen im Innern können zum Beispiel auch aufgeständerte Gleisanlagen durch das Stadtgebiet führen (in Art der bekannten Hochbahnstrecken). Dadurch ergeben sich beispielsweise Parkplatzflächen unter dem „Bahndamm".

Bautips

Abschließend einige Hinweise und erprobte Tips zur Ausführung dieser Bahndamm-Kunstbauten. Als Unterbau „gemauerter" oder „betonierter" Dämme dient ein Grundaufbau aus 3-4 mm starkem Sperrholz, das mit dünnen Leisten verstärkt wird. Mauervorsprünge werden entweder aus Leisten-Vollmaterial oder dünnen Pappstreifen zusammengeklebt. Die Gleisauflage als „Deckel" auf dem Bahndammbau sollte mindestens 5 mm dick sein und – wie beim normalen Bahndamm im vorigen Kapitel beschrieben – durch Querschnittstützen gegen Durchbiegen gesichert werden, notfalls durch zusätzliches Unterleimen einer kleinen Leiste im Verlauf des Gleisbetts.

Die äußere Gestaltung kann auf vielerlei Weise erfolgen: mit Mauerstein-Papier, Mauer-, Bruchstein- oder Beton-Imitations-Platten, im Rauhputzverfahren (Aufkleben von feinem Vogelsand auf den Untergrund), Spörle-Gummiformen oder andere, ähnliche Selbstbau-Verfahren.

Die Auswahl an Ausstattungsmaterial ist gerade für diesen Zweck besonders reichhaltig. Fast jeder Zubehörhersteller hat eine Fülle von Baumaterial im Angebot. Will man Stahlkonstruktionen als Hochdämme für die Bahn bauen (z. B. in unmittelbarer Nähe eines größeren Stadtbahnhofs), wird es schwieriger und vor allem zeitaufwendiger. Man kann dazu Kunststoffprofile verwenden oder – zierlicher und trotzdem stabiler – richtige Messingprofile. Die erforderliche Klebe- bzw. Lötarbeit und die Kosten für die exakt gefrästen Messingprofile machen aus solchen luftigen und besonders eindrucksvoll wirkenden Konstruktionen im wahrsten Sinne „wertvolle" Bahndamm-Bauwerke.

Viel leichter tut man sich mit aufgeständerten Fahrbahnen in Beton-Imitation. Rundhölzer als Pfeiler, Sperrholz und glatte Kartonstreifen – nach dem Zusammenbau matt hellgrau/beige gestrichen – bieten ein modernes Stadtbild in Verbindung mit der Bahnlinie.

Wer mehr will als nur eine optisch gelungene Wirkung bei Tage, soll vor dem Bau der „künstlichen Bahndämme" und Unterführungen daran denken, den Einbau von Beleuchtungen (in Unterführungen, Ladenlokalen, Werkstätten und auf Treppen-Niedergängen) durch Verlegen der entsprechenden Leitungen und wartungsfreundlichen Einbau der Lämpchen (am besten von unten) zu berücksichtigen. Denn nachträglich lassen sich solche Extras fast nie mehr einbauen, ohne dabei vieles wieder zu zerstören und neu aufbauen zu müssen.

Und zum Abschluß kommen dann wie immer die „unscheinbaren Details" an die Reihe, die erst den vorbildlichen Gesamteindruck der Dammbauten ausmachen: Gestaltung der Ladengeschäfte mit Inneneinrichtung (etwas für hundertprozentige Bastler), Regenabfallrohre, Geländer, Schilder, Leitplanken, Reklametafeln und nicht zuletzt der farbliche Schliff des ganzen Bauwerks.

Zusammenfassung

Künstliche Bahndamm-Bauwerke bieten Vorteile beim Bau der Gleistrasse, denn sie beanspruchen weniger Grundfläche als ein natürlich angeschütteter Bahndamm mit 45° Böschungswinkel. Und dazu bieten sich für den Anlagengestalter viele reizvolle Möglichkeiten zur Belebung der Detailszene. Arkaden, Ladengeschäfte, Werkstätten, Parkplätze, Bahnhofseingänge und vieles andere mehr kann man in abwechslungsreicher Gestaltung in und um die Bahndammbauten einbauen.

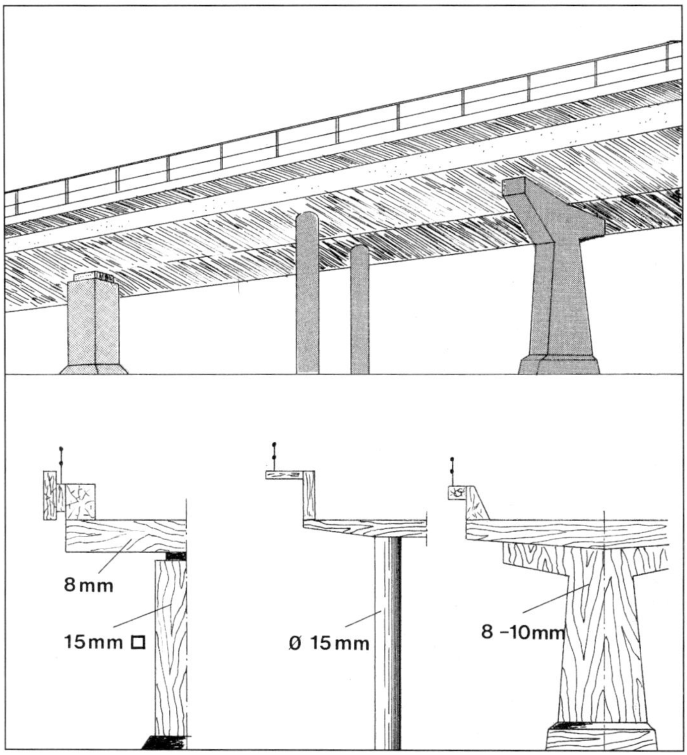

Aus Leisten, Rundhölzern und Sperrholz leicht anzufertigen sind moderne „Dammbauten" in Form einer hoch gelegten Eisenbahntrasse im Stadtbereich. Moderne Betonkonstruktionen werden erst im unmittelbaren Bahnhofsbereich durch die bekannten gemauerten Bauwerke mit „Innenleben" abgelöst. Eine solche Kombination von alt und neu ist durchaus vorbildgerecht und kann einer Anlage etwas vom oftmals allzu „verstaubten" Charakter der Uralt-Eisenbahn-Romantik nehmen. Betontrassen dieser Art erhalten einen grauschmutzigen matten Anstrich. Sie bieten zusätzlich den Vorteil von Parkmöglichkeiten für Wiking- oder Herpa-Autos, ohne dafür zusätzlich wertvolle Anlagenfläche opfern zu müssen.

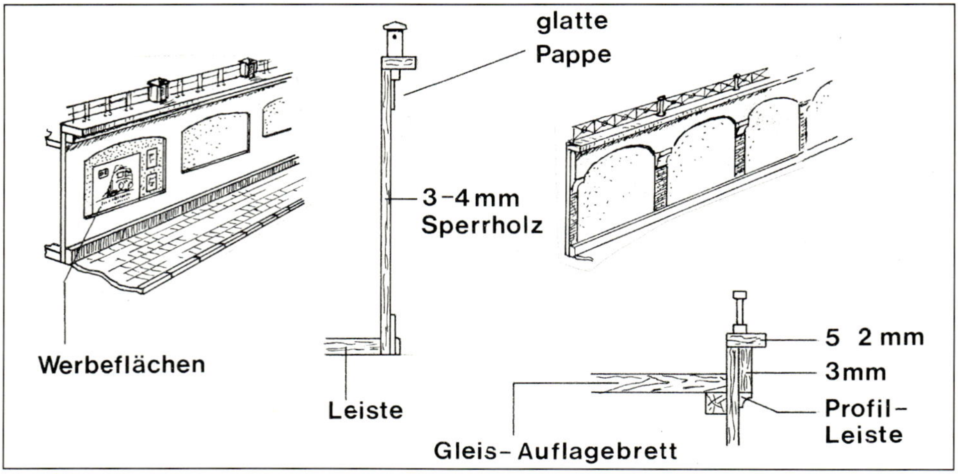

Ein paar Bautips für die Anfertigung von Dammbauwerken. Ein Leistenrahmen und 3–4 mm dicke Sperrholzplatten bilden das Grundgerüst für die Bahndämme. Pappe, Mauersteinfolie, feine Holzleistchen (z. B. Northeastern-Holzprofile) bieten die Möglichkeit individueller Gestaltung der Dammbauwerke. Wichtig für die Optik ist ein abwechslungsreiches Gestalten der Mauern; hierzu können auch Fertigteile verwendet werden.

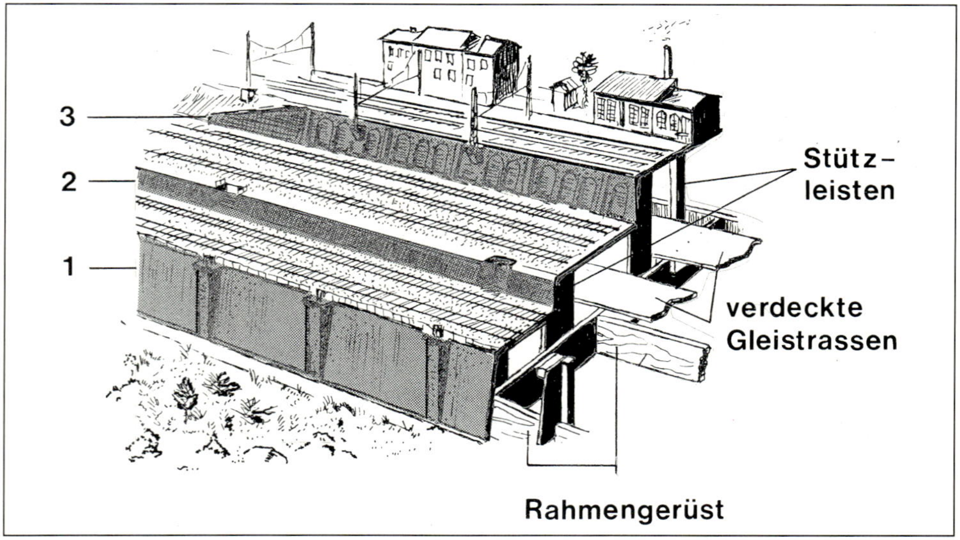

Ein dreifach abgestuftes Bahngelände (praktisch für die Gleisführung verdeckter Strecken auf unterschiedlichem Niveau). Vorn (1) eine Stützmauer in Betonmanier, zum Beispiel für die doppelgleisige Paradestrecke, in der Mitte ein nur mäßig angehobenes Gleisbett für eine durchlaufende dreigleisige Strecke (2) und am hinteren Rand Bahnhofsgleise, die erhöht auf einem weiteren Dammbauwerk (3) geführt werden. Bei mehreren hintereinander angeordneten Dammbauwerken sollten Mauern möglichst unterschiedlich in ihrer Ausführung und Gestaltung sein.

Ein Beispiel für die schnelle Landschaftsgestaltung auf der Anlagen-Grundplatte (siehe hierzu auch AMP-Band 3). Der Grundplattenrahmen als Unterbau stammt von Menninghaus.
Werkfoto

Bildbeispiel für eine realistische Großstadt-Vorstadtkulisse mit alten Mietshäusern, ungepflegten Hinterhöfen und vielerlei Einzelszenen, die man erst bei näherem Hinsehen entdeckt (Gebäude: Pola). Foto: Schwarz

Oben: Diese Abbildung zeigt die stark verkleinerte Reproduktion einer MZZ-Kulisse (s. a. Kapitel 9) für die Bahndammgestaltung im Stadtbereich. Die plastische Wirkung dieser farbig bedruckten Kulissenkartons zum Ausschneiden basiert auf den geschickten Licht-Schatten-Effekten. Besonders geeignet sind diese Kulissen für den hinteren Anlagenbereich; sie helfen, Arbeit bei der ansonsten doch zeitaufwendigen Bahndammgestaltung einzusparen. Foto: em

Links: Ein besonders platzsparendes und vielseitig verwendbares Dammbauwerk für jede Anlage: der höher gelegene Bahndamm ist mit einem Bahnhofsausgang (Vorort- oder S-Bahn-Station) kombiniert. Das „erspart" ein separates Empfangsgebäude. Es bleibt mehr Platz für eine vorbildgerechte Gestaltung des Bahnhofsvorplatzes – wie hier in der Skizze schon angedeutet. Mehr darüber im Kapitel „In der Stadt".

Beispiel für ein leicht als Modell zu bauendes Geröllschutzbauwerk, wie es in gebirgigen Streckenabschnitten bei Steinschlaggefahr vorgesehen wird. Das in Beton (Sperrholz) erstellte Schutzbauwerk für die Bahn läßt sich in dieser oder ähnlicher Form leicht nachbauen.

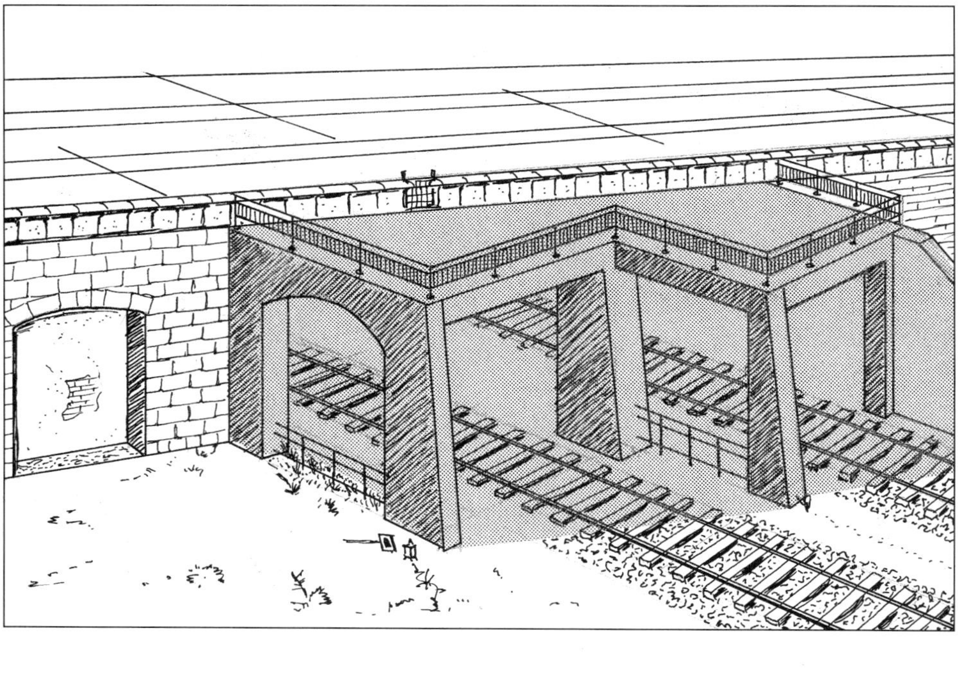

Ebenfalls unkompliziert für den Modellnachbau ist diese Gleisunterquerung für eine doppelgleisige Strecke. Das versetzt angeordnete Bauwerk (eine Art Tunnelportal) läßt sich aus dünnen Leisten und Sperrholz (graubeige gestrichen) schnell anfertigen.

Links: Diese in den Abmessungen kleine H0-Feldbahn-Anlage (mit 9 mm Spurweite) zeigt, daß eine Landschaftsgestaltung gerade auf kleiner Grundfläche viel künstlerisches Geschick und den Blick für die Realität erfordert, denn nicht nur Hügel, Täler, Brücken und Tunnelstrecken sind „Landschaft" auf der Modellbahn. Das hier von Alexander Sextl gekonnt gestaltete Sägewerkmotiv zeigt Detailrealismus bis in die kleinste, auf den ersten Blick unbedeutend erscheinende Einzelheit. Foto: A. Sextl

Oben: Dieser Ausschnitt einer von Modellbauer Gunnar Selbmann gebauten N-Anlage zeigt eine Modellbahn-Landschaft, die man fast als „typisch" bezeichnen könnte. Der Hang zur „schönen" Landschaft mit Wiesen, Bäumen und Feldern vor malerischer Kulisse ist nach wie vor bei den Anlagenbauern dominierend – warum auch nicht? Noch ein Wort zum Thema Kulisse (s. a. Kapitel 9): Der Anschluß der „echten" Landschaft an die passend ausgewählte Kulisse ist hier besonders gelungen, weil zwischen Bäumen im Hintergrund und Kulisse ein genügender Abstand mit leicht abfallendem Gelände eingeplant ist. Foto: G. Selbmann

5 Dunkle Röhren

Tunnel auf Modellbahn-Anlagen sind oft ein „dunkles Kapitel". Man braucht sie notwendig auf fast jeder Anlage, um zum Beispiel unerwünschte Gleisverschlingungen den Blicken zu entziehen. Aber vielfach werden sie ungeschickt oder gar störend in die Landschaft und Gleisführung einbezogen, weil nicht jeder Modellbahner weiß, wo und wie man Tunnel baut, damit sie das Gesamtbild der Anlage positiv beeinflussen.

Ein bekannter Modellbauer, der durchaus wußte, wovon er sprach, meinte zum Thema Tunnelbau: „Eine Modellbahn-Anlage ohne Tunnel ist wie eine Suppe ohne Salz". Natürlich – diese Behauptung stimmt in fast allen Fällen. Zumal ein in den Fels gehauenes und mit Bruchsteinen vermauertes Tunnelportal zu einem großen Teil auch das widerspiegelt, was wir „Romantik der Eisenbahn" nennen. Und wer wünscht sich nicht ein klein wenig von dieser Romantik auf seiner Modellbahn-Anlage? Also ist schon ein erstes Argument für den Tunnel auf der Modellbahn gefunden.

Zwar kein Tunnel im eigentlichen Sinne, sondern eine Unterführung im Bahnhofsbereich. Die Arbeiten sind ähnlich, das Portal wurde selbst gestaltet und die „Röhre" besteht hier aus senkrechten Mauern und einer geraden Decke. Foto: B. Schmid

Doch das zweite Argument- bereits im Vorspann dieses Kapitels kurz gestreift – ist viel bedeutungsvoller, ja sogar „lebenswichtig" für viele Modellbahn-Anlagen: Tunnel helfen die auf Modellbahn-Anlagen zwangsläufig verkürzte und damit in vielerlei Hinsicht unwirkliche Streckenführung glaubwürdig und realistischer darzustellen.

Der letzte Ausweg ist der Tunnel

Dieser Leitsatz ergibt sich fast zwangsläufig für die Trassenführung der großen Eisenbahn. Denn Tunnelbauwerke sind natürlich aufwendig und teuer in Bau und Unterhaltung. Zunächst versucht man, schwieriges Gelände zu umfahren oder einen Einschnitt in dieses Gelände zu graben oder zu sprengen. Erst wenn das nicht möglich ist oder zu aufwendig erscheint, denkt die Bahn an den Tunnelbau. Man schiebt ihn aus Kostengründen soweit wie möglich vor sich her – im wahrsten Sinne des Wortes. Denn der Tunnelbau beginnt erst dann, wenn es wirklich nicht mehr weitergeht und das Ausfräsen eines Einschnitts zu kostenaufwendig wird oder wegen der Höhe des darüber liegenden Gesteins oder Erdreichs ausgeschlossen werden muß. Das heißt, die Strecke wird im offenen Vorbau soweit wie möglich geführt und seitlich drückendes Gestein oder lockeres Erdreich durch Stützmauern oder -bauwerke abgefangen bis zum Tunnelanfang. Nur bei abrupt „aus dem Boden wachsenden Felsen" beginnt der Tunnel unvermittelt ohne Einschnitt im Gelände und mit nur ganz kurzen oder auch ganz ohne Stützmauern; diese Fälle treten aber meist nur im

Zwei grundsätzliche Fehler, die man oft auf Modellbahn-Anlagen findet. Links: Ein Kurztunnel – hier sogar noch als Ecktunnel angelegt – gehört nur auf Spielbahnen. Diese „Maulwurfshügel" sind ein Witz auf Modellbahn-Anlagen und deshalb unbedingt zu vermeiden. Die Landschaft rechts braucht keinen Tunnel – ein Geländeeinschnitt oder auch nur eine Abfang-Stützmauer entspricht den Gegebenheiten besser und läßt die Landschaftsgestaltung glaubwürdiger wirken.

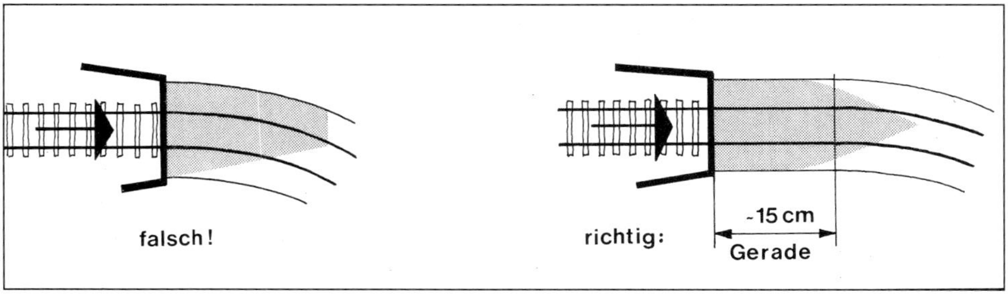

Hinter jedem Tunnelportal soll die Strecke noch etwa 10-20 cm gerade oder mit gleichem Radius weiterlaufen. Die in verdeckten Gleisabschnitten normalerweise zwangsläufig anzutreffenden zu kleinen Radien sollen beim Blick in die Tunnelöffnung nicht gleich sichtbar werden (s. Rasterflächen). Deshalb: grundsätzlich Strecke zu Beginn des Tunnels gleichlaufend wie vor dem Tunnelportal weiterführen, erst dann gegebenenfalls eine Richtungsänderung vornehmen.

Mittel- oder Hochgebirge auf. – Soviel zum großen Vorbild. Beim Anlagenbau gibt es diese Probleme natürlich nicht, denn wir entscheiden ja selbst, wo das Gelände „schwierig" sein soll, damit ein Tunnelbauwerk notwendig erscheint.

Tunnelbauwerke im Modell

Da wir möglichst vorbildgerecht planen und bauen wollen, sind Konzeption und Bau von Tunnelanlagen auf jeden Fall dem Vorbild abzuschauen. Das ist bei Tunnelbauwerken nicht so schwierig wie man zunächst glaubt. Denn Maßstabprobleme gibt es kaum – ein Tunnelportal und seine unmittelbare Umgebung können fast kompromißlos maßstäblich im Modell nachgebaut werden. Das einzige Problem ist die Glaubwürdigkeit in bezug auf die Notwendigkeit des Tunnelbauwerks. Hier sind einige grundsätzliche „Spielregeln" einzuhalten.

1. Die Geländegestaltung um das Tunnelbauwerk muß so gehalten sein, daß die Notwendigkeit des Tunnels außer Frage steht. Ein vielfach auf Modellbahn-Anlagen anzutreffender Fehler: Das Tunnelportal „wächst aus der Wiese" und das Gelände über dem Tunnel liegt manchmal nur wenige Zentimeter höher als die Tunnelportal-Oberkante. In einem solchen Fall ist der Tunnel schlichtweg

Die „Großstadt im Hinterhof" – dieser Blick hinter die Fassaden ist für viele Modellbahner schwieriger ins Modell umzusetzen als hinlänglich bekannte Szenen auf der Straßenseite. Gunnar Selbmann zeigt mit diesem H0-Motiv, wie es sich mit dem Reisenden gewöhnlich kurz vor der Einfahrt in den Bahnhof einer Großstadt „anbietet": enge Hinterhöfe hinter Mietshausfassaden, ein paar Wäschestücke (aus Papier), ein bißchen Grün, Mülltonnen und ein paar Blümchen (aus Schaumstoffflocken) in den Balkonkästen. Für die Gestaltung eines solchen Motivs sind dem Modellbauer kaum Grenzen der Fantasie gesetzt, und mit Kosten hat das alles kaum etwas zu tun. Beobachtungsgabe ist – wie in den meisten Fällen – bei der realistischen Gestaltung gefragt. *Foto: G. Selbmann*

Ein gelungenes Beispiel für den innerstädtischen Bahndammbau mit Bogenmauern, wie er in Kapitel 4 beschrieben wird, ist dieses von Modellbauer Frank Müller gestaltete Motiv, das eine exakte Modellwiedergabe des Berliner „Bahnhofs Zoo" darstellt. Diese Form der Bahndammgestaltung im Vorfeld von Stadtbahnhöfen spart nicht nur Platz durch den rechteckigen Dammquerschnitt, sondern bietet auch vielfältige Gestaltungsmöglichkeiten, z. B. durch Unterbringen von Geschäften oder Handwerksbetrieben innerhalb der Arkaden. Fertige Bauteile für die Gestaltung der Bogen sind im Fachhandel erhältlich; die Gestaltung kann aber auch individuell aus Mauersteinplatten erfolgen. Foto: F. Müller

Schöner als im wirklichen Leben. Warum wirken die Kibri-Modellhäuser so realistisch? Zum einen hat Kibri für diese Modelle existierende Vorbilder aus dem Ruhrgebiet ausgesucht und sie maßexakt 1:87 verkleinert; zum anderen wurde das Umfeld der Häuser richtig und epochengenau mit dem Blick für das Wesentliche gestaltet: Automodelle aus den fünfziger und sechziger Jahren, wirklichkeitsnahe (nicht durch dicke Pinselstriche übertriebene) Schmutzspuren auf Dächern und Wänden, zueinander in Beziehung stehende Figurengruppen, Kopfsteinpflasterstraße mit unregelmäßigen Gebüsch- und Unkrauträndern und viele andere Kleinigkeiten mehr, die man erst bei näherem Hinsehen entdeckt. Modellbauer Klaus Spörle beweist mit der realistischen Gestaltung, daß man für optimale Wirkung in erster Linie einen „wachen Blick" braucht. Foto: K. Spörle

Eine praktische Bauhilfe für den Tunnelbau bietet die Firma Repa. Aus feinporigem Kunststoff werden diese ca. 30 cm langen Tunnelröhren gefertigt, die mit Weißleim direkt hinter das Tunnelportal geklebt werden. Außer dem Effekt der Geräuschdämpfung verwehren diese Einsätze den Einblick in das „Loch" hinter der Tunneleinfahrt. Foto: em

Die erste Bauphase eines anderen Tunnels. Das später umgebende Gelände erforderte eine – zumindest vorgetäuschte – besonders stabile Ausführung, was sich in der Dicke der Mauern erweist. Foto: B. Schmid

ein Witz, denn ein Einschnitt wäre an dieser Stelle sicherlich angebrachter: Genauso falsch ist es, oberhalb des Tunnels direkt hinter dem Portal auch noch Gebäude aufzustellen. Solche Modelltunnel sind in jeder Hinsicht vorbildwidrig und deshalb grundsätzlich zu vermeiden. Man sollte sich nicht auf Ausnahmen von dieser Regel berufen.

Richtig ist es – wie schon eingangs erwähnt – die Strecke in einen Einschnitt des Geländes soweit wie möglich hineinzuführen und dann erst die eigentliche Tunnelstrecke beginnen zu lassen.

2. Tunnelbauwerke sollen so angelegt werden, daß der weitere Streckenverlauf nicht sofort ersichtlich ist. Da es sich bei den „wegzutarnenden" Strecken meist um unvermeidlich zu kleine Gleisradien oder Kehrschleifen handelt, ist der „Tunnelmund" (das Tunnelportal) immer vor Beginn des Gleisbogens vorzusehen, um den Eindruck einer gerade weiterlaufenden Strecke zu vermitteln. Der Beginn der Bogenstrecke sollte, dem Einblick verborgen, erst etwa 10–20 cm hinter dem Portal liegen.

Nach Möglichkeit sollte ein Modelltunnel die Mindestlänge einer Zuggarnitur nicht unterschreiten (vom landschaftlich begründeten Kurztunnel abgesehen), denn sonst geht der Sinn des Tunnels – das Wegtarnen eines zu kleinen Gleisbogens – größtenteils wieder verloren, wenn man am Anfang und Ende des Tunnels denselben Zug im Blickfeld hat.

3. Zweigleisige Tunnelportale („Scheunentore") soll man vermeiden, da die Lichtraumprofile der Modellfahrzeuge umgerechnet größer als die des Vorbildes sind und das doppelgleisige Portal wie ein großes dunkles Loch wirkt. Wesentlich gefälliger wirken versetzt angeordnete eingleisige Portale. Sie bieten zudem den Vorteil, daß die dahinter liegende übertunnelte Strecke höchstens auf eine Länge von 20–30 cm mit einer Tunnelröhre ausgekleidet werden muß, denn weiter ins Innere des Tunnels reicht der Blick meist nicht.

4. Tunnelstrecken müssen aus betrieblichen Gründen entweder von oben (durch abnehmbare Landschaftsteile) oder von unten (offene Rahmenbauweise) leicht zugänglich sein, um bei Betriebsstörungen ohne Verrenkungen an entgleiste oder steckengebliebene Fahrzeuge heranzukommen.

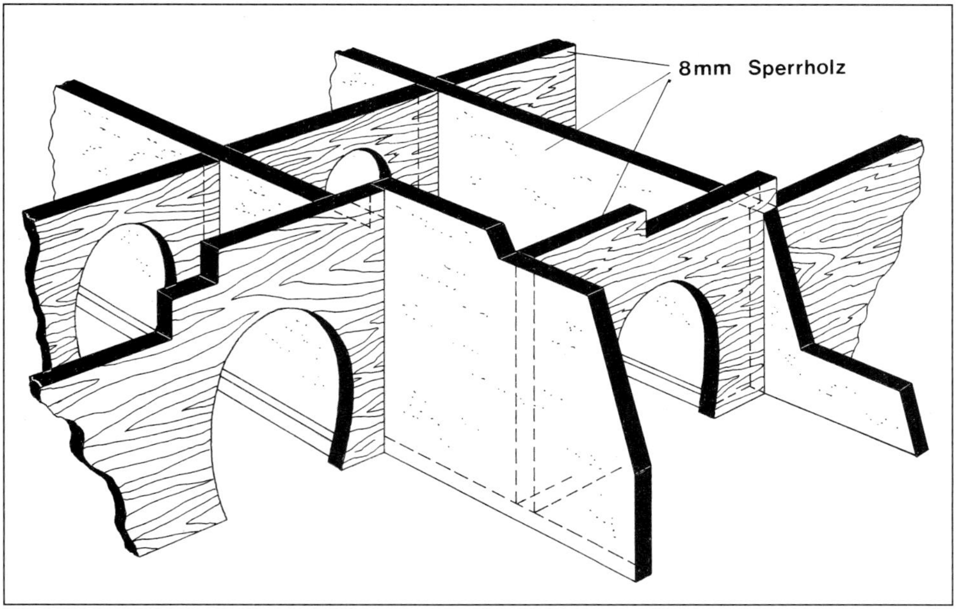

Besser als ein doppelgleisiges, zu groß wirkendes Tunnelportal („Scheunentor") wirken zwei versetzt angeordnete eingleisige Portale. Wie die als Bauverschlag gedachte Skizze zeigt, werden die Mauern zunächst aus 8–10 mm starkem Sperrholz ausgesägt und dann mit dünner Mauersteinfolie verkleidet. Je nach gewähltem Baustil können zusätzlich noch Gesimse, Türmchen, Verzierungen und anderes „unnötiges Beiwerk" aus Plastikresten oder anderen Tunnelbausätzen montiert werden.

5. Die Anzahl der sichtbaren Tunnel-Einfahrten sollte auf jeder Anlage auf ein Minimum begrenzt werden, damit nicht der Eindruck von zu vielen „Mauselöchern" und „Scheunentoren" entsteht. Das ist leider ein vielfach zu beobachtender Fehler: In viel zu kleinen Hügeln sind viel zu viele sichtbare Tunnelportale zu finden, zum Teil in unschön wirkender überdimensionierter Ausführung für zweigleisige Strecken.

Diese Punkte sollten bei der Gleis- und Landschaftsplanung schon im ersten Stadium berücksichtigt werden – es sind gewissermaßen die fünf Gebote für den Modell-Tunnelbau.

Wenn man sich an diese Grundsatzregeln hält, kann eigentlich nicht mehr viel schiefgehen beim Modelltunnelbau.

So baut man Portale und Tunnelröhren

Es gibt drei Möglichkeiten, vorbildgerecht wirkende Tunnelportale und deren „Vorder- und Hinterland" zu bauen: Man nimmt die fertig im Modellbahn-Fachhandel erhältlichen Portale und Stützmauerteile der Zubehörhersteller, man baut die Portale unter Verwendung von Fertigteilen nach eigenen Ideen oder man gießt sich die Portale und Mauerteile nach selbst angefertigten Formen aus Gießharz mit Modellgips.

Die erste Möglichkeit bedarf keiner ausführlichen Schilderung, sie ist aber – besonders wenn mehrere Tunneleinfahrten zu gestalten sind – nicht besonders originell, da die Verwendung käuflicher Portale bis auf weni-

Auf diesem Farbbild sehen Sie ein „handliches" Stück Modellandschaft in Form eines H0-Anlagenteilstücks, das Lukas Menzel detailgenau entwarf und gestaltete. Neben der farblich gut wirkenden und durch Felsimitationen aufgelockerten Landschaft bestätigt vor allem das versetzte „Einfädeln" der zweigleisigen Strecke in zwei getrennte Tunnel das in diesem Kapitel über den Tunnelbau Gesagte.
Foto: L. Menzel

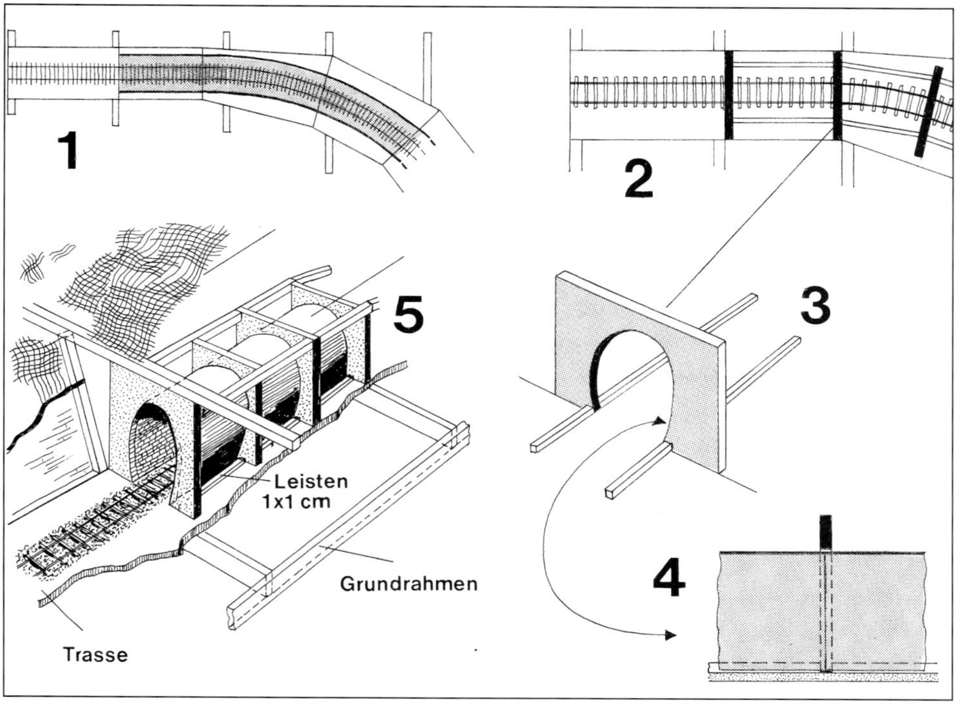

Der Deutlichkeit halber skizzierte Arbeitsanleitung für den Modelltunnelbau. Zunächst wird der Verlauf der Tunnelröhre auf der Gleistrasse (nach Verlegen der Gleise) aufgezeichnet (Rasterfläche in Bild 1), dann werden die Tunnelprofil-Stützbretter (3) mit den unteren Begrenzungsleisten auf der Gleistrasse montiert (2); notfalls können bei größeren Abständen an der oberen Kante zusätzlich Versteifungsleisten eingeklebt werden. Dann wird die genau abgelängte Mauersteinfolie (ggfs. auf dünne Pappe aufkleben) abschnittsweise in die Tunnelröhre eingepaßt und an den unteren Leisten angeklebt (4). Die komplette Rohmontage des Tunnels einschließlich der Anbindung an die Landschaft geht aus Bild 5 hervor. Nach diesem „Rezept" wird auch dem Ungeübten der Tunnelbau gelingen.

ge Ausnahmen uniform wirkende Tunneleinfahrten ergibt. Sicherlich möchten Sie aber Ihren Tunneleinfahrten ein wenig die persönliche Note aufstempeln oder aber auch besonders schöne Vorbildportale nachbauen, die als Modell-Nachbildung nicht erhältlich sind.

Mit Hilfe von Mauerplatten und anderen Tunnel-Fertigteilen ist das nicht allzu schwierig.

Die dritte Möglichkeit: Der komplette Selbstbau mit Gießharzformen und Modellgips – lohnt sich dieser Aufwand? Sie zweifeln daran und haben normalerweise auch Recht: Es lohnt sich in der Regel nur für Großanlagen, auf denen vielleicht zehn oder mehr gleichartige Tunnelportale eingebaut werden können. Eher lohnt sich da schon das Selbstgießen von Stützmauern, denn Mauern kann man auch auf kleineren Anlagen „meterweise" verarbeiten.

Zurück zum praktischen Tunnelbau. Mit dem Tunnelportal allein ist es nicht getan – auch die Umgebung vor und hinter der Tunneleinfahrt muß „stimmen".

Bei einem Kurztunnel sollte die Röhre durchgehend gebaut werden, da man von allen Seiten Einblick haben kann.
Foto: B. Schmid

Darum gilt: Zuerst wird das Tunnelportal mit Stützmauern und Tunnelröhre gebaut, erst dann folgt die zugehörige Landschaftsgestaltung in der näheren Umgebung – der Aufbau in umgekehrter Reihenfolge führt kaum zu einem befriedigenden Ergebnis.

Zunächst wird der Verlauf der Tunnelröhre auf die Gleistrassen-Brettchen aufgezeichnet (das Gleis muß vorher schon montiert sein). Der Abstand der beiden unteren Tunnelröhren-Kanten – sie werden aus 1x1 cm-Holzleistchen auf die Trasse geklebt – richtet sich nach den Maßen des verwendeten Tunnelportals. Gleiches gilt für die drei oder vier aus ca. 10 mm Sperrholz auszusägenden Röhren-Profilbretter, die im Abstand von etwa 15–20 cm (im Gleisbogen unter Umständen noch enger) auf die Gleistrasse geleimt werden. Dann wird eine mit dunkel gefärbter („verrußter") Mauersteinfolie beklebte Pappe abschnittsweise zwischen die Profilbretter röhrenförmig eingepaßt; die genaue Breite der Pappe ist vorher durch Maßnehmen am Tunnelportal ermittelt worden, denn die Röhre muß bündig passen. Sie sollte mindestens etwa 20–30 cm in das Tunnelinnere eingepaßt werden – so weit, wie von außen Einsicht in den Tunnel möglich ist. Nach erfolgtem Probelauf mit dem längsten vorhandenen Fahrzeug können die Pappröhren-Einsätze endgültig montiert und verklebt werden.

Nun kann auch das Tunnelportal in seiner festgelegten Stellung montiert werden, dazu bedarf es in den meisten Fällen einer hintergesetzten Stützholz-Konstruktion aus dünnen Leisten (etwa 1x1 cm), an denen später die Landschaftshaut befestigt werden kann. Ähnliches gilt für die seitlichen Stützmauern, die auf der nicht sichtbaren Rückseite durch angeschrägte Holzstützen (aus etwa 10 mm dickem Sperrholz) versteift werden.

Der Übergang zwischen Mauerwerk und anschließender Landschaft ist sorgfältig vorzunehmen. Man darf vor allem nicht vergessen, daß die Mauern auch eine gewisse Stärke haben müssen, die durch aufgeklebte Stein-Imitation oder sorgfältiges Modellieren mit Spachtel darzustellen ist.

Zu guter Letzt werden an Mauerwerk-Verbindungsstellen eventuell entstandene Spalten ganz vorsichtig unter Zuhilfenahme eines angespitzten Hölzchens verspachtelt, denn nichts zerstört die Illusion eines ansonsten perfekt gestalteten Mauerbauwerks mehr als sichtbare Verbindungsfugen von Teilen untereinander. Leider ist dieser eigentlich nur auf Nachlässigkeit beruhende Fehler oft nicht nur bei Mauern, sondern auch bei lieblos zusammengesetzten Gebäudemodellen anzutreffen.

Zusammenfassung

Der Tunnelbau im Modell ist einfach und dennoch gestalterisch reizvoll, wenn man einige wenige Grundregeln beachtet: Ein Tunnelportal darf nicht „vor dem Berg stehen", sondern erst nach einem Geländeeinschnitt die Tunnelöffnung freigeben. Stützmauern und Beginn der Tunnelröhre müssen ebenso sorgfältig geplant und gebaut werden wie das Portal, wenn der Tunnel glaubwürdig und vorbildgetreu wirken soll.

6 Spannweite

Brücken können auch im Modell faszinieren, wenn sie richtig in die Landschaft einbezogen werden. Sie sorgen für den notwendigen, niveaugleichen Fahrweg der Bahn und für optische Akzente auf der Modellbahn-Anlage. Doch es gehört ein wenig mehr dazu als der Kauf eines der vielen Modell-Brückenbausätze und das „Hinstellen" der Brücke in die Modell-Landschaft.

Wenn man im landläufigen Sinn von „Brücken" spricht, denkt man natürlich zunächst an weitgespannte Bogenbrücken über tiefe Schluchten, an filigran-technisch wirkende Stahl-Gitterfachwerkbrücken über eine Straße oder einen Fluß oder gar an eindrucksvolle Viadukte mit gemauerten Steinbogen, die kilometerlange Täler überspannen. Und im Hintergrund „schwebt vor dem geistigen Auge" eine zerklüftete Gebirgslandschaft, die durch diese Brücken quasi „zusammengehalten" wird und der Eisenbahn erst ihren Fahrweg durch das unwirtliche Gelände ermöglicht. Das stimmt – aber nur zum Teil. Denn auch im flachsten Flachland der norddeutschen Tiefebene gibt es beispielsweise genug Brücken und nicht zuletzt in jeder Stadt, die von einer Eisenbahnlinie angefahren wird.

Brücken gibt es überall

Dieser Satz stimmt, denn schließlich gehören Straßen-Überführungen und -Unterführungen im weiten Sinn selbstverständlich ebenfalls zu den Brückenbauwerken. Auch kleinere sogenannte Durchlässe für Feldwege, landwirtschaftliche Wege und Nebenstraßen zählen zu den Brücken. Die Vielfalt der Brücken entlang einer Bahnlinie kann man selbst leicht feststellen, wenn man einmal einige Kilometer entlang eines Bahndamms wandert oder eine Strecke auf der parallel dazu verlaufenden Straße abfährt. Man staunt, was da alles an Durchlässen, Unterführungen, Überführungen und „richtigen" Brücken zusammenkommt. Und wie unterschiedlich oftmals Konstruktionen, Ausführung und Baudetails auf den ersten Blick aussehen. Die Vielfalt ist groß.

Brücken sind meist in des Wortes wahrster Bedeutung individuelle Bauwerke, die zwar ganz konkreten technischen und konstruktiven Gesetzen unterliegen, sich aber in ihrer sichtbaren Ausführung sehr deutlich voneinander abheben können.

Für den Bau einer Brücke beim Vorbild waren und sind neben den technischen Gegebenheiten und Möglichkeiten ähnlich wie bei Gebäuden auch das Stil-Empfinden, die Stil-Richtung der jeweiligen Epoche maßgebend. Um die Jahrhundertwende wurden beispielsweise große Flußbrücken gern mit „Tor-Einfahrten" in Form steinerner Bauwerke mit zinnenbewehrten Türmen und Verzierungen geschmückt; später folgten stählerne Zweckkonstruktionen in genieteter oder geschweißter Ausführung und daneben gab es auch steinerne Bogenbrücken.

Heute haben sich die modern-sachlichen Konstruktionselemente durchgesetzt: Stahlbetonbrücken schwingen sich in sanfter Wölbung über Flußtäler, auf Betonstelzen aufgeständerte, manchmal kilometerlange Bauwerke ersetzen althergebrachte Bahndämme in weichem Gelände, Bogenbrücken von enormer Spannweite ohne Mittelpfeiler überqueren breite Ströme oder Täler- die Technik ist nicht nur aus zwingenden Kostengründen sachlicher geworden. Und selbst die Straßen-Über- oder Unterführungen als Betonbauwerk aus einem Guß wirken auf den Modellbahnen längst nicht so reizvoll wie die alten Stahlträgerkonstruktionen vergangener Jahrzehnte.

Doch keine Sorge – der Anlagenbauer kann gerade bei den Brückenbauwerken so ziemlich alles auf seiner Anlage ins Modell umsetzen. Denn eine alte, bewährte und solide Brückenbaukonstruktion überdauert Generationen; sie wird nicht so schnell durch ein moderneres Bauwerk ersetzt wie vielleicht ein Bahnbetriebsgebäude. Deshalb kann auf einer Anlage eine alte Stahl-Gitterfachwerkbrücke durchaus neben einer modernen Betonbrücke ihren Standplatz behaupten, ohne daß von einem Epochen-Stilbruch die Rede sein muß. Dennoch sind einige wichtige konstruktive und bauliche Grundregeln im Modell zu beachten.

Formen und Konstruktionen

Gewohnt, daß wir uns in mancherlei Hinsicht aus Platzgründen beschränken müssen, sind von vornherein gewisse Einschränkungen bei der Auswahl der Brücken in Kauf zu nehmen. So läßt sich die Nachbildung der berühmten Müngstener Brücke (465 m lang, 107 m hoch) über das Tal der Wupper, die moderne kilometerlange Fehmarnsund-Brücke der Vogelflug-Linie oder die heute unter Denkmalschutz stehende Köln-Deutzer Rheinbrücke wohl kaum maßstäblich im Rahmen einer normalen Modellbahn-Heimanlage realisieren.

So sehen Gleisbefestigung und Gleisabdeckung auf einer Brücke gewöhnlich aus. Man beachte die Vielfachbefestigung der Schienenprofile, die Abdeckung des Gleiszwischenraums durch Riffelblechplatten und die seitlichen Abdeckungen durch Gitterroste. *Foto: em-Archiv*

Die Auswahl eines geeigneten Brückenbausatzes wird wesentlich erleichtert, wenn man die Konstruktionsprinzipien in ihren Grundzügen kennt, das heißt die verschiedenen Bauformen – wo man sie einplanen kann, für welche Landschaft oder Umgebung sie typisch sind und was es beim „Einbau" einer Brücke in die Anlage beachtet werden muß. Die skizzierte Übersicht auf Seite 58 mit ihren Anmerkungen gibt Hinweise.

Ein weiterer Punkt – die Vorbild-Brückenbautechnik betreffend – sollte ebenfalls im Modell berücksichtigt werden. Jede Brücke hat in der Regel ein festes Widerlager (Auflager) und mindestens ein loses (bewegliches) Widerlager. Das heißt – vereinfacht ausgedrückt – an einem Ende ist die Brücke fest gelagert und am anderen Ende lose auf Rollen aufgelegt, damit sich die gesamte Konstruktion bei starken Temperaturschwankungen während der kalten und warmen Jahreszeiten in Längsrichtung ausdehnen bzw. zusammenziehen kann. Diese Brückenlagerung ist auch bei den meisten Modellbausätzen nachgebildet. Darauf sollte man auch nicht beim Selbstbau eines Brückenmodells verzichten.

In Skizzen ist dargestellt, wie Brückenauflager aussehen können, wenn sie vorbildgerecht ausgeführt werden; nur steinerne Brückenbauwerke unterliegen anderen konstruktiven Merkmalen.

Die Brückenköpfe

Im wahrsten Sinne des Wortes „ruhender Pol" einer Brücke sind die sogenannten Brückenköpfe – Anfang und Ende einer Brückenkonstruktion. Noch deutlicher gesagt: Die Brückenpfeiler (von Mittelpfeilern bei längeren Brücken einmal abgesehen)

Ein schönes Vorbildmotiv als Modellvorlage ist der Viadukt bei Neuenbeken (das Bild entstand 1969). Viadukte dieser „höheren Art" eignen sich besonders gut für das Überqueren sogenannter hängender Schluchten (siehe auch Seite 60). *Foto: M. Schroeder*

Der Viadukt bei Neuenbeken (Abb. S. 53) dient als Vorbild für die hier gezeigte Konstruktions-Prinzipsskizze für einen Modellbahn-Viadukt (Maßangaben für H0). Als Grundmaterial dienen Sperrholz und Leisten (Balsaleisten bzw. Northeastern-Profilleisten). Die fertige Grundkonstruktion wird mit Plastiksteinfolie bzw. mit Mauersteinpapier beklebt. Oben links in der Skizze ist der seitliche Brückenquerschnitt und die Draufsicht der Modellkonstruktion dargestellt.

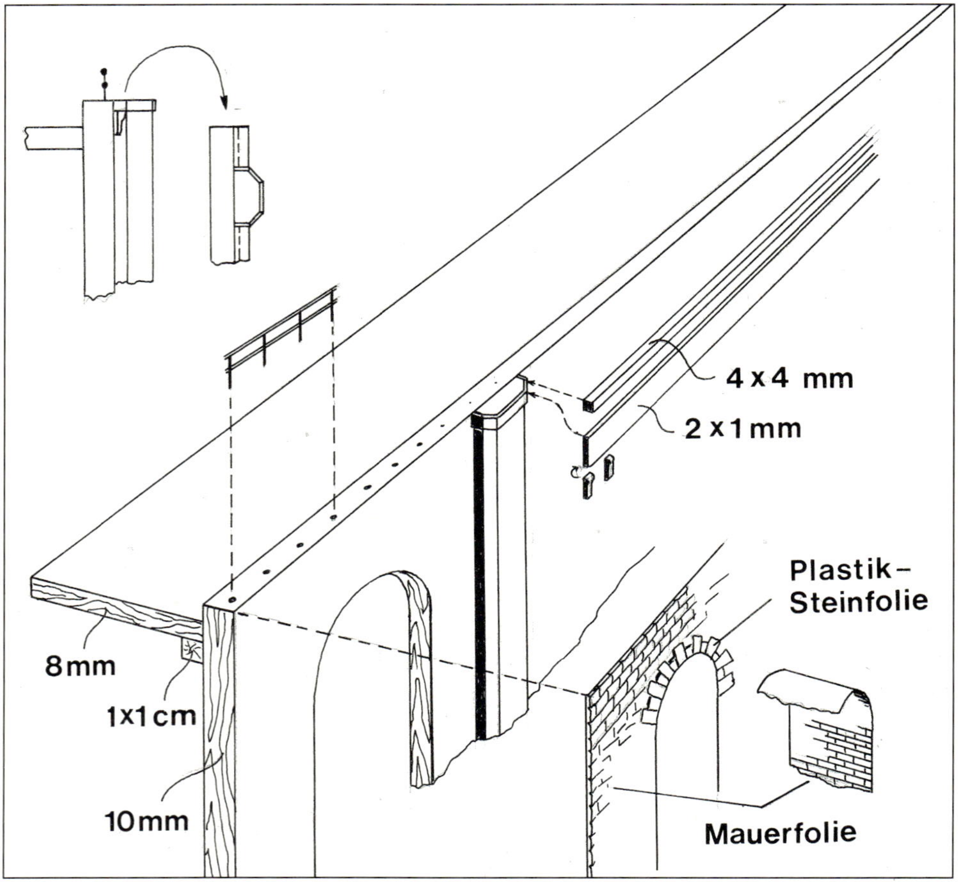

sind die Stützpunkte einer Brücke, auf denen die eigentliche Konstruktion (auch im Modell) aufliegt.

Der Pfeilerunterbau der Brücken (bei kompletten Bausätzen in der Brückenpackung als notwendiges Zubehör enthalten) sollte sehr sorgfältig zusammengesetzt und verklebt und dann erst auf dem Anlagen-Untergrund unverrückbar fest montiert werden. Es ist darauf zu achten, daß die Brückenauflager genau miteinander fluchten, damit die Brücke nicht verkantet aufliegt.

Ein weiterer Punkt, der beachtet werden sollte, ist die unmittelbare Umgebung der Brückenpfeiler. Bei Bahndämmen, Straßen-Überquerungen usw. reichen die Brücken-Endpfeiler allein in den meisten Fällen nicht aus, um eine Brücke vorbildgerecht im Modell wiederzugeben. Fast ausnahmslos sind, ähnlich wie beim Tunnelbau, zusätzliche Stützmauern zum Abfangen des höher liegenden Bahndamms oder der Straße erforderlich. Für den Aufbau dieser Stützmauern (anhand einiger Bildbeispiele in diesem Kapitel dargestellt) verwendet man die im Handel erhältlichen Mauersteinfolien aus geprägter Hartpappe oder profiliertem Kunststoff. Am besten wählt man (weil's besser zueinander paßt) das gleiche Fabrikat und Material wie das der Brückenpfeiler.

Nach Möglichkeit sollte man auf der Modellbahn-Anlage nur gerade Brücken einbauen, weil sie vorbildgerechter aussehen. Gewiß gibt es beim Vorbild genügend Situationen, in denen eine im Gleisbogen geführte Bahnstrecke über eine Brücke läuft, aber die Gleisradien sind bekanntlich bei der großen Eisenbahn ungleich größer als – umgerechnet – auf Modellbahn-Anlagen. Deshalb wirkt eine im Bogen verlegte Modellbahn-Brücke wegen der zu kleinen Gleisradien mit ganz wenigen Ausnahmen spielzeughaft. Also: Brücken möglichst nur auf geraden Streckenabschnitten einplanen.

Nun, die Entscheidung und die Auswahl haben Sie – denken Sie daran, daß Landschaft, Eisenbahn und Brücken miteinander harmonieren müssen. Dazu noch ein Tip: In vielen Fällen wirkt es günstiger, wenn man doppelgleisige Strecken mit zwei eingleisigen Brücken nebeneinander über eine Landschaftsvertiefung führt (bei schräg verlaufender Überführung mit leicht versetzt angeordneten Brückenköpfen). Zwei versetzt, also etwas schräg hintereinander angeordnete Brücken wirken zierlicher und gefälliger als eine doppelgleisige Brücke, die durch ihre maßstäbliche Ausführung im Vergleich zur zwangsläufig „geschrumpften" Landschaft leicht klobig und aufdringlich wirken kann.

Hängende Schluchten

Die hängende Schlucht ist eine zuerst in den USA ausgeführte Art der Anlagen-Landschaftsgestaltung, bei der die Nachbildung von Tälern durch Herunterziehen der Landschaft unterhalb der normalen Anlagenhöhe erfolgt (=Fußbodenschlucht). Durch hängende Schluchten werden unnatürlich hohe Berge auf der Anlage vermieden: ein Vorteil bei der Geländegestaltung.

Den Begriff der „hängenden Schlucht" oder „Fußbodenschlucht" gibt es beim Vorbild nicht, dennoch tragen diese etwas eigenwilligen Modellkonstruktionen wesentlich dazu bei, eine Modellandschaft in Verbindung mit Brückenbauten frappierend vorbildähnlich wirken zu lassen. Also müßte eine hängende Schlucht doch eigentlich auf vielen Anlagen zu finden sein. Eben nicht! – Das ist verwunderlich, da man sie (mit Ausnahme bei kleinen Tisch- oder Regalanlagen) auf fast jeder Modellbahn-Anlage mühelos einbauen und dadurch in der Anlagenhöhe viel Platz sparen könnte.

Das Desinteresse an dieser Bauweise kann eigentlich meiner Meinung nach nur einen Grund haben: Als Modellbahner ist man gewohnt, bei der Modellierung von Hügeln und Bergen – überhaupt bei der Gestaltung der gesamten Landschaft – immer nach oben „aufzubauen", also ausschließlich den Raum oberhalb der Anlagengrundplatte oder des Rahmens (des „Nullniveaus" der Anlage) für die Landschaftsgestaltung heranzuziehen. Und das liegt wiederum daran, daß man sich vor dem Bau der Anlage zuwenig mit dem Planen der Landschaft beschäftigt hat – statt dessen hatte die ausgeklügelte Streckenplanung den sicherlich nicht unwichtigen Vorrang.

Es ist viel leichter, platzsparend und deutlich vorbildgetreuer im Gesamteindruck, wenn man eine Schlucht, ein Tal oder einen Einschnitt einfach nach unten – vom Anlagen-Grundplattenniveau her betrachtet – aufbaut oder besser gesagt: herunterbaut in Richtung Fußboden (daher auch der Beiname „Fußbodenschlucht").

Man verwendet dazu eine leichte Leisten-Hilfskonstruktion, die an einer entsprechenden Trennung des Grundrahmens nach unten gehängt wird und als Stütze für ein in die Tiefe modelliertes Tal oder eine Straße dient. Der unter der Anlage immer vorhandene Raum (Ausnahme: Tischplatten-Anlagen oder Anlagen im Regal) wird besser und sinnvoller ausgenutzt und zur vorbildnäheren und naturgetreueren Gestaltung der gesamten Anlage genutzt.

Auf diese „tiefstapelnde" Weise kann man sich im Normalfall Täler von 70–100 cm Tiefe leisten, was anderenfalls – über der Anlagen-Grundplatte – kaum zu verwirklichende Bergmassive mit unnatürlich wirkenden Ausmaßen erforderlich machte. Mit Hilfe dieses

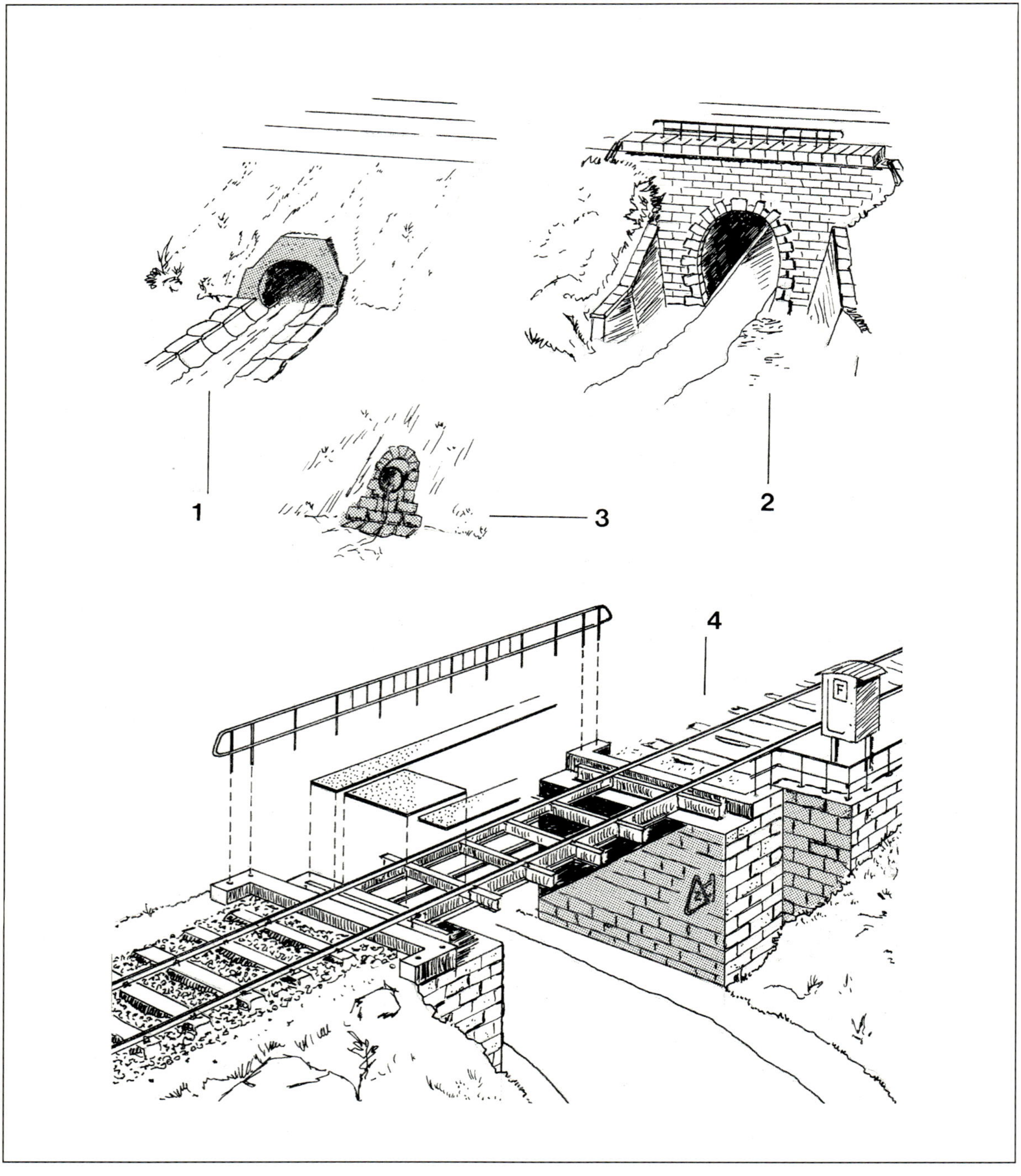
1
2
3
4

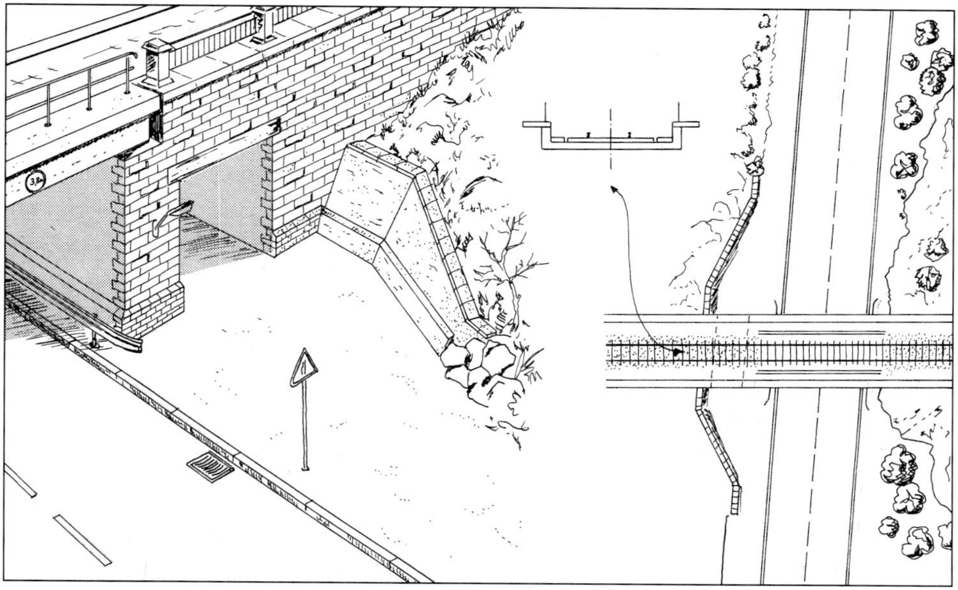

Ausführungsbeispiel für eine in Betonmanier gebaute Straßenüberführung. Die Brückenköpfe sind zum Teil aus behauenen Natursteinen errichtet. Wegen der schmalen Straßendurchfahrt wurde ein kleiner Durchlaß für den Fußgängerverkehr vorgesehen (s. Lagezeichnung rechts in der Skizze). Das relativ steil ansteigende Gelände wird in diesem Bereich durch eine Betonstützmauer gehalten. Achten Sie auch auf verschiedene wichtige Details, die oft bei der Modellgestaltung vergessen werden: Leitplankenschutz im Bereich des Brückenkopfs, Leuchte über dem Fußgängerdurchlaß, Verkehrsschilder usw.

Links: Vier skizzierte Beispiel für Durchlässe und eine kleine Nebenstraßen-Überführung. 1 = ein in Betonbauweise erstellter Durchlaß für Abwässer; Nachbildung aus Sperrholz und ausgesägten Kunststoff-Steinplatten. 2 = Durchlaß für einen Fußgängerweg; der Nachbau kann in H0 zum Beispiel mit einem Z-Tunnelportal erfolgen. 3 = Abwasserrohr im Bahndamm (Plastikrohr mit Mauersteinverkleidung); man findet diese Abflüsse meist dort, wo auf der anderen Seite des Bahndamms das Gelände ansteigt und für eine Abflußmöglichkeit von Regenwasser gesorgt werden muß. 4 = eine kleine Überführung aus I-Trägern mit gemauerten Brückenköpfen. Der Nachbau kann aus Plastikprofilen und Plastikplatten erfolgen.

wirksamen Tricks der Fußbodenschlucht kann man den Schwierigkeiten des Modell-Landschaftsbaus bequem in diesem kritischen Punkt aus dem Weg gehen. Das Ergebnis ist weitgehend vorbildgerecht, und die Modellandschaft erhält durch diese optisch eindrucksvoll und realistisch wirkende Unterbrechung der „geradlinigen" Anlagen-Grundfläche eine attraktive und reizvolle Abwechslung.

Diese hängenden Schluchten müssen nicht automatisch mit tiefen Taleinschnitten gedanklich in Verbindung gebracht werden (die passen ja auch nicht zu jedem Anlagenthema und Landschaftscharakter) – im Gegenteil: Auch auf platzmäßig relativ bescheidenen Anlagen lassen sich mit dieser Baumethode frappierende Wirkungen erzielen. Und man kann den Bau von zusätzli-

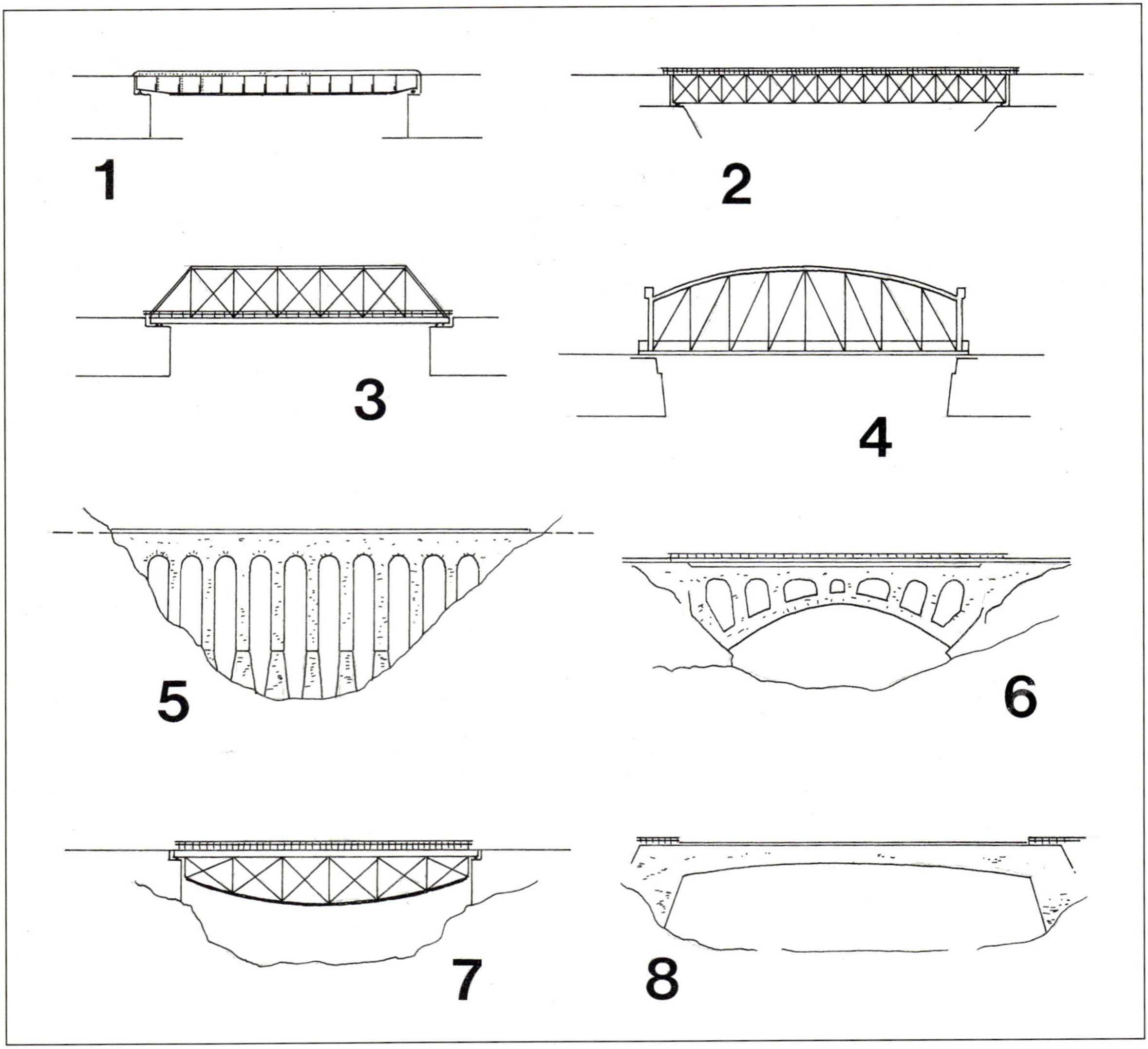

Die Abbildungen zeigen auf dieser Seite einige grundsätzliche Brückenbauformen (in nicht maßstäblichen Prinzipskizzen). 1 = Blechträgerbrücke; diese meist genieteten Konstruktionen findet man häufig bei kurzen Straßenüberführungen (auch im Stadtbereich) sowie in Verbindung mit anderen, größeren Konstruktionen als Vorflutbrücken. 2 + 3 = Gitterbrücken mit unten bzw. oben liegendem Fachwerk; man findet sie als Brückenbauwerk über Landstraßen und kleineren Flüssen und Talsenken. 4 = Gitterfachwerk-Bogenbrücke; eine Konstruktion, die man vor allem in zweigleisigen Ausführungen als Fluß- oder Kanalüberspannung findet. Sie kann auch mehrfach und/oder in Verbindung mit Vorflutbrücken eingeplant werden. 5 = steinerner Viadukt; diese Bauweise trifft man in gebirgigen Gegenden an; Viadukte überspannen meist tiefe Täler in großer Höhe. 6 = Steinbogenbrücke; meist landschaftsbedingte Bauweise. 7 = Fischbauchträgerbrücke; ähnlich wie die Gitterbogenbrücke, erfordert jedoch größere Höhe (seltener bei Straßenüberführungen). 8 = Stahlbetonbrücke; moderne Konstruktion, in der Regel als Straßenbrücke. Vorzugsweise verwendet der Modellplaner Brücken der Ausführung 1-4 und 7. Die übrigen Brücken (bis auf die Steinbogenbrücke (6) sind für größere Anlagen besser geeignet.

Fast wie Burgtore wirken die Bogen dieses steinernen Viadukts in Niederscheid (aufgenommen 1968). Der Modellnachbau in praktisch beliebiger Länge aus Sperrholz, Mauerfolie und halbierten Rundhölzern dürften anhand dieser Abbildung keine Schwierigkeiten bereiten. Foto: H. Kowalsky

chen Brücken logisch begründen – ja, er wird sogar notwendig.

Anstelle einer steil bis fast auf den Fußboden abfallenden Schlucht von fast einem Meter Tiefe tut es auch ein Bachbett, eine Senke oder eine Straße mit einem Niveau (je nach gewählter Anlagen-Baugröße) von etwa 10 bis 20 cm Tiefe unterhalb der normalen Anlagenhöhe. Durch die zusätzliche Auflockerung des Geländes „mit Tiefgang" wird für den Betrachter die ansonsten flach und unwirklich am vorderen Anlagenrand sichtbare Ebene der Grundplattenfläche nicht mehr auf den ersten Blick erkennbar – einer der beiden großen Vorteile dieser Bauweise „nach unten".

Es gibt noch den zweiten wichtigen und in vielen Fällen betrieblich eigentlich zwingend notwendigen Grund für den Einbau einer Fußbodenschlucht: Man braucht keineswegs auf den Einbau eines großen Viadukts oder einer schönen Brücke mit großer Spannweite zu verzichten (wie zu Anfang dieses Kapitels für den „Normalfall" ange-

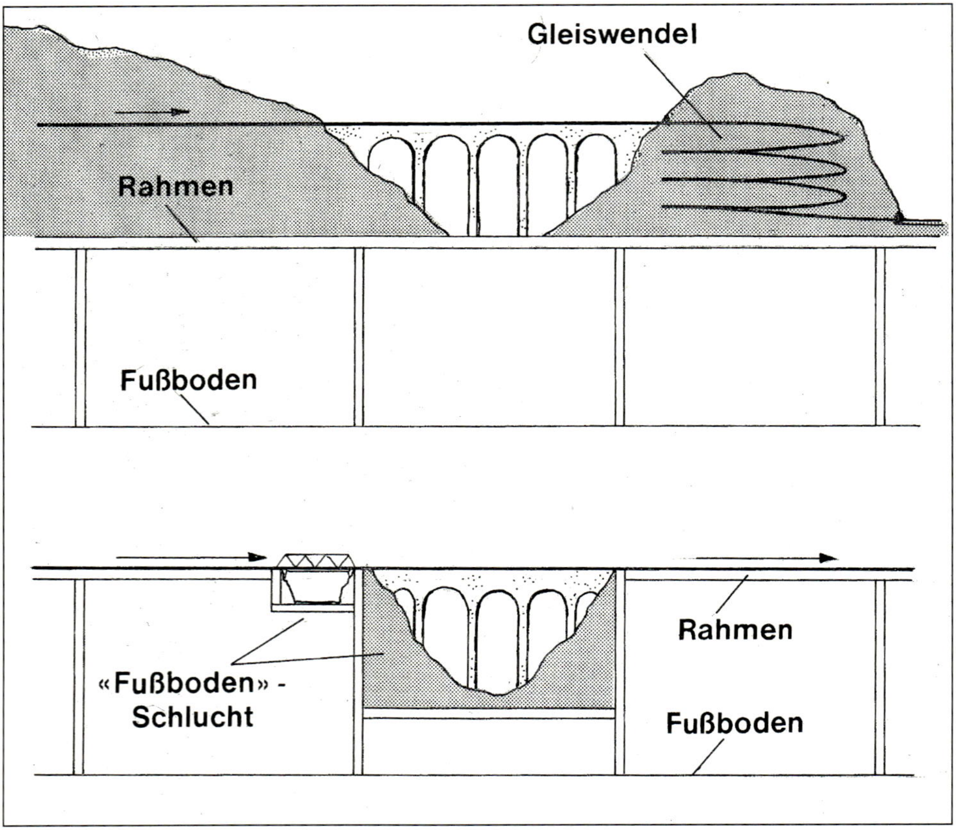

Das Prinzip der hängenden Schlucht bzw. „Fußbodenschlucht". Zur Darstellung einer Talsohle mit großer Brücke wird nicht mehr wie bei herkömmlicher Bauweise (oben im Bild) eine enorme Anlagenhöhe über dem Grundrahmen benötigt, die nur durch den Bau einer aufwendigen Gleiswendel zu bewältigen ist. Statt dessen wird der Taleinschnitt unterhalb des Anlagengrundrahmens abgesenkt (unten im Bild). Der große Vorteil dieser Bauweise: Unrealistisch geformte Berge auf zu kleiner Fläche werden vermieden, und die Gleisführung wird wesentlich unkomplizierter entworfen, ohne auf brückenreiche Landschaftspartien verzichten zu müssen.

raten), wenn man mit hängenden Schluchten nach unten geht.

Bei üblicher, konventioneller Anlagen-Landschaftsplanung wären unter Umständen neben steil anwachsenden unwirklichen Bergmassiven noch Gleisspiralen erforderlich, um die gewünschte Taltiefe oberhalb des Anlagenniveaus überhaupt zu gewinnen. Das würde eine sehr weiträumige Landschaftsplanung erfordern, durch die viel kostbare Anlagenfläche verlorenginge (wenn sie überhaupt im Einzelfall zur Verfügung steht).

Die Fußbodenschlucht macht dieses Problem gegenstandslos, weil man ohne großen Übergang mit dem Taleinschnitt nach unten abfallen kann und außerdem mit keinen zusätzlichen Schwierigkeiten beim Gleisplan-Entwurf rechnen muß.

Die Bilder auf dieser Seite zeigen ein H0-Brückenbauwerk, das unter Zuhilfenahme von Holz und Plastikteilen entstand. Die Brücke endet direkt am vorderen Anlagenrand.
Fotos: B. Rieche

Ein Musterbeispiel für das gezielte Einplanen einer Fußbodenschlucht in einen gebirgigen Landschaftsabschnitt. Wenn man die strichpunktierte Linie verfolgt, welche die normalen Anlagenrahmenhöhe darstellt („Nullniveau"), erkennt man die sich nach oben als auch nach unten aufteilende Landschaftsbauhöhe. Das Gesamtbild dieser Anlagenpartie ist wesentlich realistischer als dessen Darstellung auf einer „Grundplatte", von der aus sich die Landschaft ausschließlich nach oben aufbaut. Deshalb: mal „runter mit der Landschaft" in die Fußbodenschlucht – man gewinnt Gestaltungsmöglichkeiten.

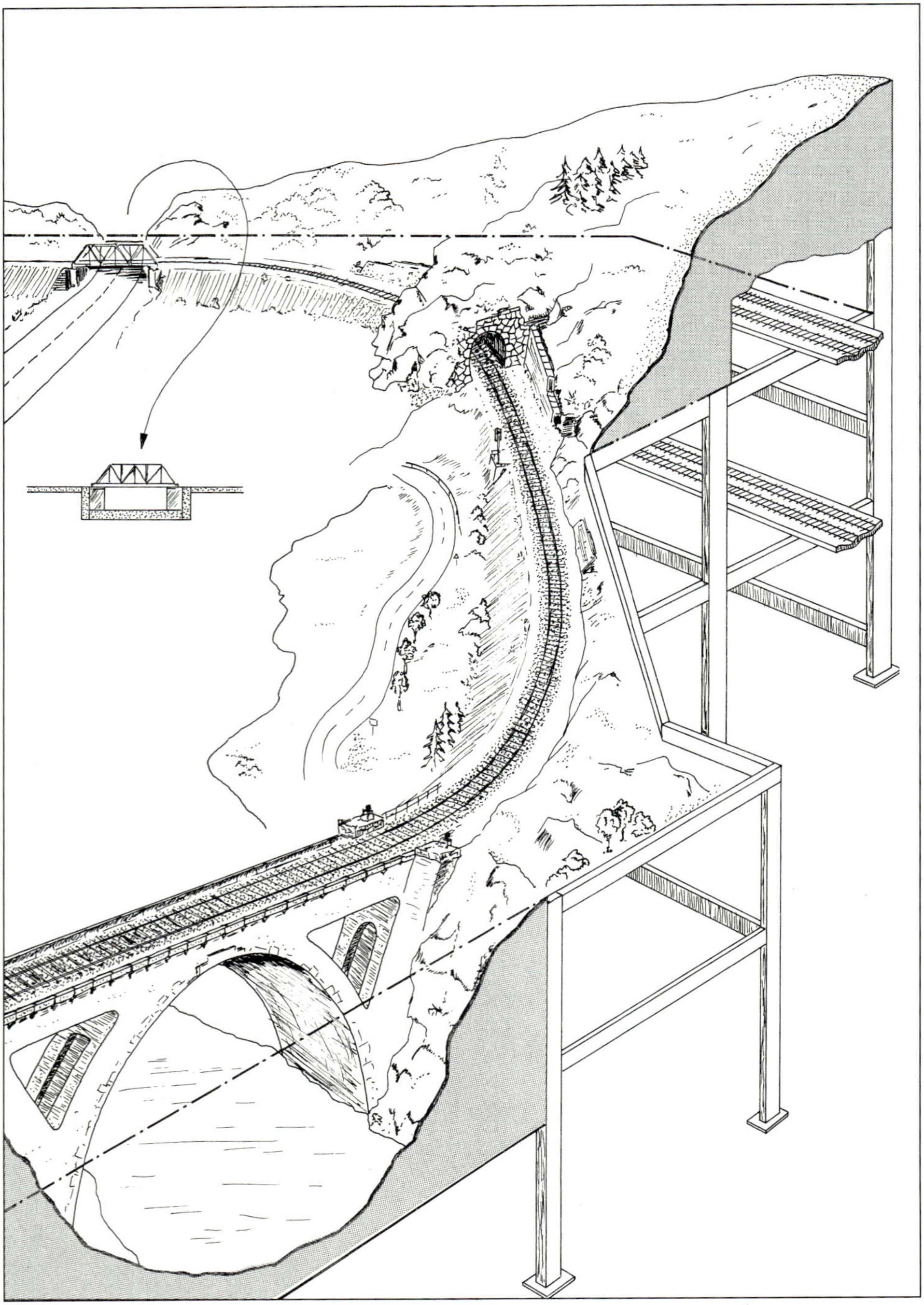

In vielen Fällen ist es übrigens gar nicht einmal so schwer, noch nachträglich eine Anlage entsprechend umzubauen, das heißt eine Straße oder ein Bachbett zum Anlagenrand hin tiefer zu verlegen. Es ist beim Umbau nur darauf zu achten, daß die Anlagen-Rahmenkonstruktion bzw. die Grundplatte an der betreffenden Einschnittstelle durch einen Leistenrahmen (der in diesem Fall etwas kräftiger sein kann) abgefangen wird.

Sehen Sie sich die „animierenden" Skizzen einmal genauer an; sicherlich gelangen Sie dann zu der Überzeugung, daß eine realistisch wirkende Modellbahn-Anlage kaum ohne hängende Landschaftsteile auskommt – und schon gar nicht, wenn man für möglichst viele und verschiedenartige Brückenbauten eine besondere Vorliebe entwickelt hat.

Zusammenfassung

Zum technisch schönsten und eindrucksvollsten Zubehör einer Anlage gehören Brückenbauten. Dieses Kapitel zeigt anhand eindrucksvoller Bildbeispiele, wie man Modellbrücken realistisch in die Landschaft einbezieht. Dazu gehören an erster Stelle „hängende Schluchten", die nicht nur die Landschaftsgestaltung, sondern vor allem auch den Verlauf einer vorbildnah wirkenden Streckenführung positiv beeinflussen können und die Anlagenplanung erleichtern helfen. „Bauen Sie nach unten!" heißt deshalb das Motto der Modell-Brückenbauer.

Brücken, oder besser gesagt: Bach-Überquerungen dieser Größenordnung (Bild oben) sind in der Regel realistischer als riesige Bogenbrücken oder Viadukte. Rechts eine moderne Straßenbrücke. Gute Licht/Schattenwirkung und ein gekonnt angepaßter Hintergrund gefallen besonders. Fotos: B. Rieche

Über diese Art der Brücken in Form „hängender Schluchten“ wird noch im Haupttext ausführlicher berichtet. Man beachte die im Flußprofil ausgeschnittene vordere Anlagenbegrenzung.

Auch dieser Diorama-Ausschnitt zeigt, was in der Skizze auf Seite 25 (unten) zeichnerisch erläutert ist: Der Bahndamm soll als ruhender Pol die Strecke möglichst waagerecht führen. Stattdessen kann die Landschaft abgesenkt oder angehoben werden.

7 Auf dem Lande

Ein grünes Kapitel, denn hier geht es um die Gestaltung der eigentlichen Landschaft: Wiesen, Felder, Landstraßen, Wege, Felsen, Wasser – all das und noch mehr veranschaulicht dieses Kapitel anhand instruktiver Beispiele, Vorschläge und Gestaltungstips. Vermeiden Sie die aufgeführten „traditionellen" Fehler, damit die Landschaft auf Ihrer Anlage naturgetreu wirkt.

Es hat schon seinen Grund, wenn hier von „traditionellen" Fehlern gesprochen wird: Es sind meist unnötige, aber aus vielen Gründen tief verwurzelte Fehler-Ursachen und Nachlässigkeiten bei der Gestaltung der Landschaft, die auf vielen Anlagen die ansonsten sorgfältige Ausführung und Detaillierung in der Gesamtwirkung zunichte machen. Deshalb wird in jedem Einzelkapitel meist noch besonders darauf hingewiesen, wie man es nicht machen soll. Die richtige Landschaftsgestaltung ist dann eigentlich ganz einfach. Und sie macht Spaß, weil man Architekt, Straßenplaner, Baufirma und Landschaftsgestalter in einer Person ist.

Vorweg ein paar grundsätzliche Hinweise: Versuchen Sie niemals, „alles" auf Ihrer Anlage unterzubringen. Wiesen, Felder, Seen, Burgen, Felssteilhänge, Autobahnen und Schnellstraßen, Großstadt und Bauernhof, Fachwerkstädtchen und moderne Bungalow-Siedlung – selbst bei einer Großanlage ist das Produkt dieser „Unterbringungstaktik", dieser Materialschlachten und Motiv-Anhäufungen eine kümmerliche Verstümmelung und ein eher lächerlich wirkendes Abbild der Realität auf viel zu kleiner Fläche.

Deshalb: Beschränken Sie sich bei der Auswahl der Motive, aber das, was Sie gestalten wollen, das soll großzügig und wirklichkeitsnah ausfallen. Besser nur eine einzige, aber genügend große Wiese („auf der eine Kuh satt werden kann") als eine winzige eingezäunte Grünfläche, daneben noch ein auch zu kleiner Acker, ein Mini-Teich für eine halbe Forelle und – weil's so romantisch ist – eine Wassermühle am Fuß eines Hügels, auf dessen Gipfel eine viel zu groß wirkende Burg dräuend auf dieses Durcheinander blickt. Solche motivlich turbulenten Anlagenszenen – man findet sie auch heute noch auf so mancher Anlage – haben mit dem Begriff „naturgetreue Landschaft" nichts gemeinsam. Wenn Sie die folgenden Ratschläge beherzigen, werden Sie beim Bau Ihrer Landschaft schnell feststellen: Weniger ist meistens mehr. Und das wenige soll perfekt sein und bis ins Detail dem Vorbild nachempfunden und nachgestaltet werden.

Auf den folgenden Seiten finden Sie wiederum eine Vielzahl von bewährten Bauhilfen in Wort und Bild, Gestaltungstips und Planungshilfen. Aber natürlich – und das ist verständlich – gibt es kein Nachbaurezept für eine komplette Landschaft. Der Entwurf der Modell-Landschaft, die Anlage von Straßen und angedeuteten Ortschaften – das alles richtet sich nicht zuletzt nach Ihren Wünschen und Ihrem Gleisplan.

Eisenbahn und Landschaft müssen bekanntlich ein harmonisches Ganzes ergeben; das wurde schon zu Anfang dieses Buches deutlich zum Ausdruck gebracht. In Zweifelsfällen hilft der Fotoapparat: Wenn Sie beim Sonntagsausflug irgendwo ein besonders zum Nachbau anregendes Motiv finden – und wenn es nur eine Straßenkreuzung oder ein Bahnübergang ist, ein kleiner Bauernhof oder eine Dorfkirche mit Friedhof am Rand einer Ortschaft – dann knipsen Sie dieses Motiv in möglichst vielen Ansichten und in verschiedenen Perspektiven, und merken Sie sich in etwa die Größenabmessungen markanter Gebäude oder anderer Gegenstände. Zu Hause können Sie anhand der Fotos in Ruhe planen und überlegen, ob dieses Motiv vom Thema und Platzbedarf her überhaupt auf Ihre Anlage paßt, was Sie eventuell ändern oder verkürzen müssen oder weglassen können, ohne den Gesamteindruck des Motivs zu sehr zu verfälschen oder extrem zu verniedlichen.

Lassen Sie sich Zeit dabei; die sorgfältige Planung ist es in erster Linie, die eine Modellbahn-Landschaft hinterher schön und naturgetreu wirken läßt. Die Ausführung gelingt dann fast automatisch, zumal es eine heute schon fast unübersehbare Vielfalt an Ausstattungsmaterial und Bauhilfen für Modellbahnen von den Zubehörherstellern gibt.

Straßen planen und bauen

Straßen erfüllen beim Vorbild einen einfachen Zweck: sie sollen Ortschaften miteinander verbinden. Gleichzeitig konkurrieren sie oftmals mit der Bahn. Drei Fehler macht der Anlagenbauer in der Regel, wenn er ohne langes Überlegen Modellstraßen baut:

1. er baut zu viele Straßen auf der Anlage,

2. er verbindet zwei zu dicht beieinander liegende Bahnhöfe mit Straßen,

3. er baut zu schmale Straßen.

Das sind drei Fehler, die sich leicht vermeiden lassen. Warum sind es Fehler, die immer wieder gemacht werden? – Zu viele Straßen wirken unnatürlich, weil auf der doch relativ kleinen Anlagenfläche keine Notwendigkeit dafür besteht.

Ganz falsch ist es, zwei Bahnhöfe (auf der Modellbahn-Anlage liegen sie ja zwangsläufig immer zu dicht beieinander) zusätzlich auch noch mit Straßen zu verbinden. Das stellt die Notwendigkeit der Bahnlinie und damit des ganzen Gleisplanes in Frage, denn schließlich könnte man den nächsten Bahnhof und damit die nächste Ortschaft „zu Fuß" in zehn Minuten erreichen. Denken Sie in diesem Zusammenhang auch an das zu Anfang des Buches Gesagte über die erforderliche optische Trennung von Bahnhöfen. Dazu gehört selbstverständlich auch das Weglassen von Straßenverbindungen zwischen den Bahnhöfen.

Fast ein Kapitel für sich sind die zu schmalen Straßen auf den meisten Modellbahn-Anlagen. Eine „normale" Straße hat minimal 7 m Breite, das sind umgerechnet auf den H0-Maßstab etwa 8 cm, für N 5 cm und für Z etwa 3 cm. Ob die Fahrbahndecke breit genug ist, läßt sich einfach prüfen: Stellen Sie beispielsweise zwei Lastwagen nebeneinander auf die Straße, in der Mitte, rechts und links jeweils „mit ein bißchen Luft", dann wissen Sie ohne Zentimetermaß, ob die Straße breit genug ist. In Kurven sind die Straßen noch ein wenig über dieses Maß hinaus zu verbreitern; damit wird das Ausschwenken langer Fahrzeuge (Busse, Sattelzüge) berücksichtigt.

Diese Aufnahme des gebauten Musterschaustücks weist gleich auf mehrere Gestaltungselemente hin (die nicht nur den Straßenbau betreffen): am Bahndamm angebauter Sockel für das Modellsignal (Fabrikat Weinert), dahinter ein Stützbauwerk für das Pola-Stellwerk; die Stützmauer liegt dicht an der Straße und wird durch eine Leitplanke geschützt.

Aber die Fahrbahndecke allein macht noch keine Modellstraße aus. Rechts und links der Fahrbahn gibt es zum Beispiel eine Grasnarbe, dann folgt – etwas vertieft – ein Entwässerungsgraben. Auf Landstraßen in Ortsnähe ist außerdem wenigstens auf einer Seite noch ein kombinierter Fuß- und Radweg zu berücksichtigen - das findet man alles zu selten auf Modellbahnen (offenbar fahren alle Mini-Menschen ausschließlich mit der Bahn oder mit dem Auto).

Landschaft wie aus dem Modellbahn-Bilderbuch zeigt das im Bild oben gekonnt inszenierte H0-Motiv zur Einstimmung für das folgende Kapitel. Die in Belaubung und Baustruktur unterschiedliche, aber zueinander passende lockere Bewaldung, der in Anlage und Farbe realistische Feldweg im Zusammenspiel mit sparsamer Dekoration durch Fahrzeuge und Figuren zeigen in ihrer Gesamtheit, wie eine „stimmige" Modellbahn-Landschafts-Gestaltung aussehen kann.

Die beiden Abbildungen auf der rechten Seite geben zum einen ein anschauliches Beispiel für die perfekte Hintergrund-Gestaltung mit der Illusion der landschaftlichen Weite (wie sie noch ausführlicher in Kapitel 9 angesprochen wird) und zeigt zum anderen zwei Gestaltungs-Beispiele aus dem Bereich der Fahr/Schienenweg-Kreuzungen. Oben die Nachbildung eines beschrankten Bahnübergangs der späten Epoche 3 und darunter – nicht minder gut in der Modell-Konzeption angelegt und gelöst – die kreuzungsfreie Überquerung der Bahnstrecke durch ein modernes Brücken-Bauwerk. Fotos: S. Rieche (3)

Im Bildtext auf nebenstehender Seite wurde schon auf die ausgezeichnete Wirkung der Hintergrund-Kulisse hingewiesen. Dies liegt nicht zuletzt an der perfekten Anpassung der Kulisse an die „echte“ Anlage; mehr dazu ab Seite 114 im Kapitel über Modellbahn-Hintergründe.

Dieses kleine H0-Anlagenmotiv besticht nicht nur durch realistische Gestaltung, sondern zeigt auch die Art der Aufnahmetechnik vor „natürlichem“ Hintergrund (siehe auch Bild auf Seite 108).

Also: Wenn schon Straßen, dann auch in richtiger Breite und mit allem „Drum und Dran“. Wie man's macht, oder besser gesagt: wie man's machen kann, ist in Skizzen und Erläuterungen als Anregung dargestellt. Das schließt selbstverständlich nicht aus, daß gerade Sie es ganz anders machen wollen, weil sich in Ihrer Nähe eine originelle Vorbild-Situation findet, die sich besonders gut zum Nachbau eignet. Bitte – alle Beispiele in diesem Band sollen nur anregen und auf mögliche Fehler hinweisen, die man auf keinen Fall auf seiner Anlage „einbauen“ sollte.

Bis jetzt war immer nur von Landstraßen die Rede. Grob gesehen unterscheidet man aber vier verschiedene Straßenarten bzw. Fahrwege für Fuhrwerke und Autos: Feld- und Wirtschaftswege in ländlichen Bereichen, mit festgefahrener, aber zerfurchter Oberfläche, Nebenstraßen mit Kopfsteinpflaster (nur in Ortschaften) oder Asphaltdecke, gut ausgebaute und gesicherte Landstraßen bzw. Bundesstraßen und Fernstraßen (manchmal mit Mittelstreifen) einschließlich der Autobahnen. Letztere interessieren den Modellbahner aus Platzgründen wohl weniger; höchstens auf Großanlagen lassen sich kurze Teilstücke einer Autobahn im Modell darstellen.

Feldwege, Nebenstraßen und Landstraßen kommen in erster Linie für eine Modellbahn-Anlage in Betracht. Ungepflasterte und ungepflegte Feldwege mit tief eingegrabenen Fahrrinnen, zahllosen Schlaglöchern und „beständigen“ Wasserpfützen findet man überall auf dem Lande: als Trennung und

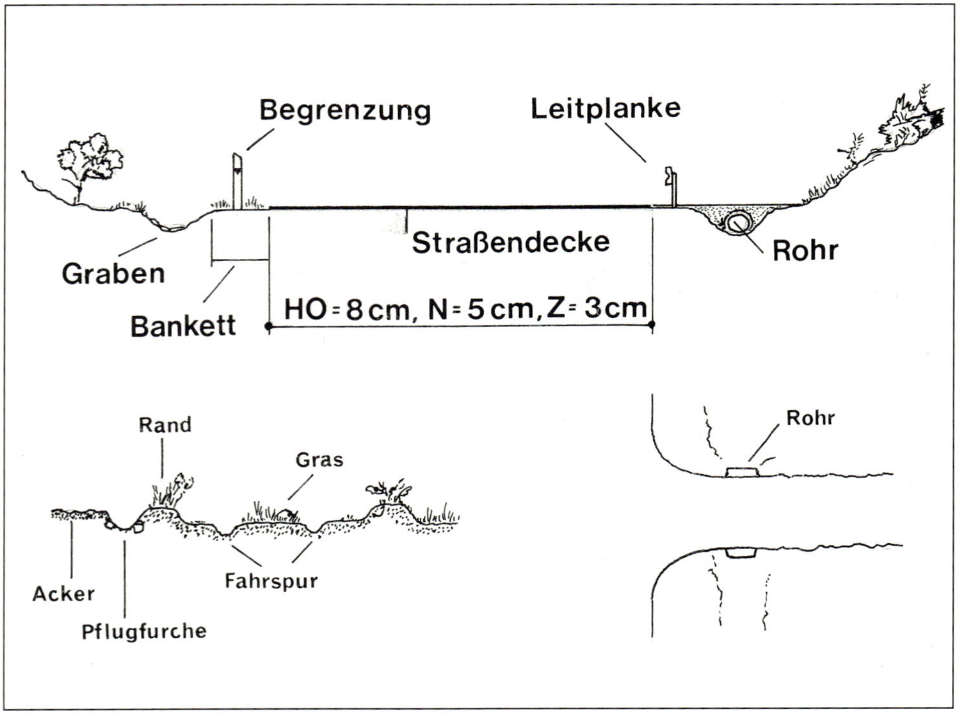

Prinzipieller Aufbau einer Landstraße (Skizze unmaßstälich); die beachtenswerten Einzelheiten sind im Text erläutert. Die Fahrbahnbreite (Straßendecke) ist mit ihren Mindestmaßen für die gängigen Baumaßstäbe angegeben. In der unteren Skizze ist der Querschnitt eines ländlichen Feldwegs dargestellt – wie man ihn im Modell baut, ist im Haupttext ausführlich beschrieben.

Zufahrt zwischen Feldern und kleinen Wäldchen, als gewundene Verbindungswege zwischen Dörfern, und selbst innerhalb kleiner Orte sind manchmal einige Nebengäßchen nicht in bester Verfassung.

Hier nun ein Rezept für das Modellieren eines vorbildgerecht wirkenden Feldwegs: Nach Vorbereiten und richtigem Anlegen des mit Weißleim bestrichenen Untergrunds (s. Skizze unten) wird ein in kleiner Menge lichtbraun bis ockergrau oder sandfarben angerührter Gipsbrei (ohne Leimzusatz!) mit einem etwa zwei bis drei Zentimeter breiten Spachtelhölzchen abschnittsweise dünn aufgetragen. Sofort danach fährt man an mehreren Stellen mit einem Modell-Lkw vorsichtig über den noch weichen Brei, um die charakteristischen Spurrillen von Fahrzeugen und Fuhrwerken „eindrucksvoll" und dauerhaft zu modellieren.

Mit einem dünnen Holzstäbchen werden zusätzlich ein paar ordentliche Schlaglöcher eingedrückt, die mit etwas feinem Steinschotter teilweise (vor allem an den Rändern) ausgefüllt werden. Unregelmäßig muß alles aussehen, damit es echt wirkt.

Dann läßt man den aufgetragenen Brei gut durchtrocknen und widmet sich in der Zwischenzeit dem nächsten, etwa 20 bis 30 cm langen Abschnitt des Feldwegs. Der absichtlich weggelassene Leimzusatz im Gipsbrei bewirkt nach dem völligen Austrocknen realistisch wirkende Sprünge und Risse in der Oberfläche – eine gut wirkende Methode, um übrigens auch Mauerputz an Selbstbau-Gebäuden echter wirken zu lassen.

Ein in sehr hellen, verwässerten Braun- und Lichtgrau-Tönen gehaltener matter Farbüberzug (z. B. aus stark verdünnten Plaka-Farben) gibt dem Feldweg zum Schluß den letzten Pfiff. Wer den Weg besonders echt gestalten will, bringt noch ein paar weiße oder dunkelgraue Farbtupfer auf Steine oder in Schlaglöcher – diese Nachbehandlung läßt den Eindruck perfekt werden.

Erst nach einigen Tagen – wenn der Feldweg wirklich durchgetrocknet ist – wird als abschließende „Kosmetik" noch eine sehr stark verwässerte Weißleimlösung dünn übergestrichen. Kleine Wasserlachen in tiefen Schlaglöchern lassen sich bei dieser Gelegenheit mit ein oder zwei Tröpfchen normalem Alleskleber sehr gut imitieren. Man könnte dazu auch klares Gießharz verwenden, jedoch lohnt sich das Ansetzen in solchen winzigen Mengen nicht.

Wem das alles zuviel Arbeit sein sollte, kann „Fertig-Feldwege" von der Rolle verlegen; die Firma Preiser bietet beispielsweise fertige Feldwege in farblich ausgezeichneter Ausführung an.

Nun etwas über den Bau von Landstraßen und Bundesstraßen im Modell. Hier ist nicht nur die ausreichende Breite der eigentlichen Straßendecke wichtig, auch das seitliche

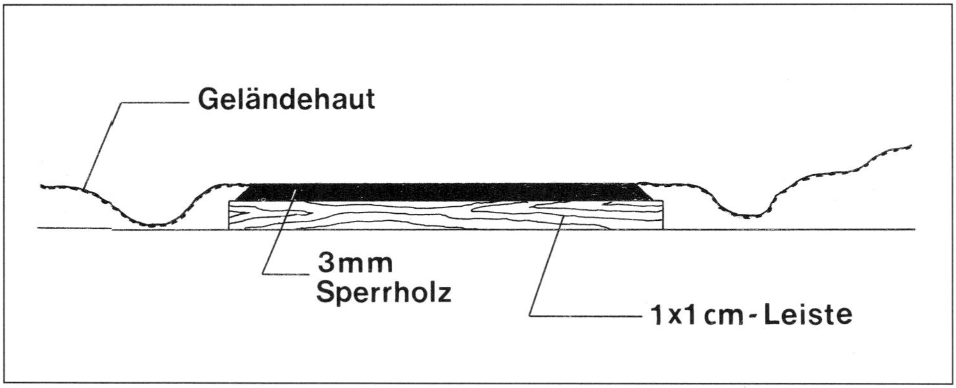

Schematisch dargestellter Aufbau einer Modellstraße. Wichtig ist die erhöhte Lage der Straßendecke, um seitlich die Gräben modellieren zu können. Dies kann durch einen Leistenunterbau oder durch eine Styroporauflage erreicht werden.

Links: Vorbild oder Modell? – fragt man sich beim Betrachten dieser eindrucksvoll fotografierten H0-Szenerie. Auf den ersten Blick dominierend sind die „riesig" erscheinenden Bäume im Vergleich zur „winzigen" Eisenbahn. Das ist man auf Modellbahn-Anlagen kaum gewohnt, aber schauen Sie sich einmal in der Natur um, wie hoch Bäume tatsächlich sind – Sie werden sich wundern und umdenken. Foto: S. Rieche

Oben: Ein H0-Güterzug der dreißiger Jahre fährt durch eine Landschaft, die überraschend weiträumig und großzügig wirkt. Woran liegt das? Ganz einfach: Der Erbauer hat den zur Verfügung stehenden Platz nicht „vollgepflastert" mit Gleisen, Gebäuden und anderem Zubehör. Statt dessen gibt es Wiesen, Äcker und einen bewaldeten Hang mit sehr gut einbezogener Hintergrund-Kulisse (s. a. Kapitel 9). So wirkt Modellbahn-Landschaft gut und überzeugend großzügig. Foto: Ulrich Meyer

Der Querschnitt einer richtig aufgebauten Modellstraße ist hier nochmals als Modellabbildung zu sehen. Fahrbahnuntergrund aus 3–4 mm Sperrholz, darauf geklebte Straßenfolie, seitlich Bankette (mit Begrenzungspfählen und Leitplanke), daneben die Wasserablaufgräben und dann erst die weiterführende Geländegestaltung. Straßenbreite bedeutet also mehr als nur Fahrbahnbreite; rund ein Drittel der Fahrbahnbreite kann man dazurechnen, um auf eine vorbildliche Straßenbreite zu kommen.

„Zubehör" der Straße darf nicht vergessen werden: Leitplanken, Begrenzungspfähle, Entwässerungsgräben, Verkehrsschilder, Fuß- und Radwege und eventuell auch Parkstreifen, Ausweichstellen und Bushalte-Einbuchtungen. Zur vorbildgetreuen Gestaltung von Modellstraßen gibt es eine Menge an Ausstattungsmaterial bis hin zu zierlichen Verkehrsschildern maßstäblicher Größe. Trotz dieser Hilfsmittel bleibt noch genügend selbst zu tun.

Zunächst muß der Straßenverlauf geplant werden – schon zum Zeitpunkt der endgültigen Gleisplan-Festlegung. Versäumt man die rechtzeitige Straßenplanung, kommt man zwangsläufig zu den unsinnig geführten und viel zu schmalen Straßen mit Haarnadelkurven, in denen selbst Fußgängern schwindelig wird.

Im Gegensatz zu schmalen verschlungenen Nebenstraßen und Feldwegen müssen größere und breitere Landstraßen einen möglichst „zielstrebigen" Verlauf nehmen, zum Beispiel vom linken Anlagenteil zum rechten oder von hinten zum vorderen Anlagenrand. Niemals darf ein „geschlossener Straßenkreislauf" sichtbar sein – die Wirkung wäre genauso vorbildwidrig wie bei einem in seiner Geschlossenheit gänzlich sichtbaren Gleisoval.

Straßen, die im Gegensatz zur Bahnlinie auf der Anlage nicht tatsächlich befahren werden müssen, können deshalb leichter verlegt werden: Mit zwei kleinen Tricks löst man viele Probleme im Modell-Straßenbau. Man schneidet zum Beispiel die Straße buchstäblich am vorderen Anlagenrand ab oder läßt sie hinter einem Hügel oder in einer Unterführung einfach verschwinden. Eine gemalte Weiterführung der Straße auf der Hintergrundkulisse ist wegen der je nach Blickwinkel nicht auszuschließenden perspektivischen Verzerrungen sehr problematisch (s. a. Kapitel über Hintergrundkulissen).

Die Grundregeln für den Bau von Landstraßen lauten: 1. so breit und so großzügig wie möglich, 2. enge Kurven vermeiden und 3. keinen geschlossenen Straßenkreislauf bauen, sondern die Straßen stumpf an den Anlagenrändern enden lassen.

Über die Ausführung von Landstraßen im Modell geben die entsprechenden Abbildungen mit ihren erläuternden Texten Auskunft – dieser vorbildliche Straßenbau wird Ihnen Spaß machen!

Hier eine Text-Kurzbeschreibung für den Straßenbau. Als Untergrund für die Straße dient, ähnlich wie beim Gleisbau, eine genügend stabile Sperrholztrasse, die wegen der seitlichen Grabenvertiefungen etwas angehoben wird (etwa 1 cm über dem Landschaftsniveau an dieser Stelle). Die Holztrasse wird dünn mit klumpfrei angerührtem, mittelgrau eingefärbtem Spachtel bestrichen (mit Weißleim-Zusatz), und zwar unter Berücksichtigung einer leichten Fahrbahnwölbung (nur bei H0 und größeren Baumaßstäben erforderlich). Erst nach Aushärten des Belags (am besten erst am nächsten Tag) fährt man mit feinstem Schleifpapier über die Straßenoberfläche, um eventuell zu grob wirkende Ungenauigkeiten zu glätten, die sich beim Auftrag mit dem Spachtelholz nicht ganz vermeiden ließen. Damit ist der Landstraßen-Untergrund bis auf die Feinheiten erst einmal fertiggestellt.

Dann stellt man eventuell erforderliche Verbindungen zu abzweigenden Straßen oder Wegen her. Genügend große Radien für Abbieger dürfen ebensowenig vergessen werden wie Durchführungen für Abwässergräben. Die im Großen verwendeten tönernen oder Beton-Röhren lassen sich gut durch Kabelschuhe aus Lüsterklemmen imitieren (nach Ausdrehen der Schräubchen aus dem Kunststoff-Mantelkörper herausnehmen) oder durch Isolierröhrchen, die dann in den Spachtelbrei am Wegübergang oder an der Straßeneinmündung sorgfältig eingearbeitet werden.

Wichtig für die detaillgetreue Nachbildung einer Straße ist auch der oft unbefestigte Straßenrand, das sogenannte Bankett, zwischen Fahrbahn und seitlichen Gräben. Hier kann der gewollten Abwechslung halber zum Teil feine Streufaser auf einem vorgeleimten Untergrund aufgeklebt werden oder aber feiner Steinschotter bzw. hellgraubraunes Streumaterial feiner Körnung oder Vogelsand. Kleine Büsche, Sträucher oder gar Bäume folgen normalerweise erst jenseits der Gräben. Nur bei alten Landstraßen findet man große Bäume noch dicht am Straßenrand als lebensgefährlichen, aber schönen Leitplanken-Ersatz.

Nicht zu vergessen sind die im Abstand von etwa 25–30 cm (H0) bzw. 15–20 cm (N) aufzustellenden weißen Begrenzungspfähle mit schwarzen Schrägstreifen. Man feilt oder schneidet sie je nach Baumaßstab aus Ø 0,5–1,0-mm-Draht oder Streichhölzern zurecht und setzt sie dicht an den Rand der Fahrbahndecke. An kurvenreichen Straßen dürfen Leitplanken nicht fehlen. Man kann sie für Baugröße N aus Plastik-U-Profilen zurechtschneiden; für H0 kann man diese Planken, ebenso wie die Begrenzungspfähle, auch als Zubehör zu kaufen.

Nach letztem sauberen Verspachteln kleinerer Ungenauigkeiten kann die Fahrbahndecke erforderlichenfalls einen abschließenden dünnen Farbüberzug in Hellgrau erhalten (Grundfarbe Weiß mit Beimischung von ganz wenig Schwarz und Hellbeige). – Straßenflickstellen deutet man durch mehr oder weniger unregelmäßige Vierecke an, die in einem dunkleren Grauton gestrichen werden. Das liefert gleichzeitig einen guten Grund für eine Straßenbaustelle mit Umleitungsschildern, farbfrohen (aber schmutzgealterten) Baumaschinen und -fahrzeugen, Absperrungen mit Lauf-Warnlicht, aufgerissener Straßendecke und dem obligatorischen Fahrzeugstau vor einer Behelfsampel. Fast alle dazu benötigten Kleinteile gibt es im reichhaltigen Zubehör-Angebot vieler Firmen – blättern Sie am besten die Firmenkataloge sorgfältig daraufhin durch.

Es gibt auch Fertigstraßen in Form selbstklebender Moosgummifolie, komplett mit Fahrbahnmarkierungen bedruckt. Eine Möglichkeit für den schnellen, unkomplizierten Straßenbau, aber natürlich auch ein wenig uniform in der Gesamtwirkung und manch-

Das kleine Bild oben rechts zeigt das mit Hilfe einer Pinzette durchzuführende etwas diffizile Belauben des aus bruchgefährdetem Natur-Material bestehenden Astwerks mit den als Belaubung dienenden winzigen Dolden. Darunter – neben dem als Größenvergleich dienenden Traktor – ein fertiger Baum, wie er mit dem in der H&P-Bausatzpackung enthaltenen Material zusammengestellt werden kann.
Fotos: B. Rieche

Ein Beispiel für gute Detail-Lösungen, die sich Anbieter von Baumbausätzen einfallen lassen ist die hier (rechts) gezeigte Art der Stamm-Befestigung, wie sie die Firma Silhouette bei ihren Bäumen anwendet. Am Fuß befindet sich ein Kunststoff-Gewinde, auf das von unten eine Art Hutmutter geschraubt wird. Das ermöglicht eine problemlose Demontage, denn Baum-Modelle dieser Preisklasse wirft man wohl kaum beim Abbau einer Anlage in den Mülleimer.

Wer sich dem Baum-Selbstbau mit Hilfe von Baum-Bausätzen „hingeben" will, hat eine Reihe von Möglichkeiten – von Faller bis Heki, von Silhouette bis Haberl & Partner, von Woodland bis Noch, um hier nur einige Angebote zu nennen. Das Bildbeispiel auf dieser Seite zeigt einen Baum-Bausatz von Haberl & Partner. Zusätzlich zu dem in der Packung enthaltenen Material benötigt man einen Kontaktkleber (z. B. Pattex) und gegebenenfalls noch zusätzliches Belaubungs-Material. Es kommt bei diesen Baum-Bausätzen darauf an, daß man sie verarbeiten und „gestalten" kann. Dazu bedarf es einiger Übungen, die vielleicht auch mal mit einem „Waldsterben" verbunden sind.

Aus der Baumschule: Fertige Stamm- und Ast-Rohlinge in verschiedenen Größen von Heki; das Flor-Material kommt als Matte.

Das Heki-Baum-Set enthält Stämme und Äste in „Flachform"; die Rohlinge müssen erst zu Bäumen zurechtgebogen werden.

Die Baumbausätze von Woodland bestehen aus Baum-Rohlingen aus Weißmetall, die mit Woodland-Vlies beklebt werden.

So sieht ein Baumbausatz von Haberl & Partner aus: Rohlinge, Naturäste und Blattwerk kommen aus der Tüte. Fotos: S. Rieche

Belaubungs-Vliese im Vergleich: Woodland Foliage (links), Heki-flor (rechts) und Silflor von Silhouette (unten).

Beispiel: Das Einkleben von Ästen in den Baumrohling von Heki mit Plastikkleber ist an gewünschter Stelle möglich.

Besonders sorgfältig muß man bei der Landschaftsgestaltung in großem Maßstab (hier: 1:22,5 = LGB) arbeiten. Auch hierzu gibt es viel Zubehör, vor allem im „G"-Angebot des Gebäude-Herstellers Pola. Werkfoto

mal etwas problematisch beim Verlegen enger Kurven. Außerdem sind die meisten Fertigstraßen zu dunkel in der Farbgebung. Auch Asphaltstraßen – wenn sie nicht neu sind der es nicht gerade geregnet hat – sind hellgrau und nicht tiefschwarz.

Denken Sie unbedingt daran, wenn Sie Ihre Straße selbst „asphaltieren".

Abschließend noch ein Hinweis für den Bau niveaugleicher Bahn/Straßen-Kreuzungen. In diesem Fall geht die Betriebssicherheit der Bahn vor, so daß einige Konzessionen in bezug auf die absolut vorbildgetreue Gestaltung der Übergänge nicht immer zu vermeiden sind. Dies gilt in erster Linie für die gegenüber dem Vorbild deutlich verbreiterten Spurrillen.

Felsen müssen leicht sein

Felsen und Steilhänge aus richtigen Steinen im Modell nachzubauen, mag zwar manchmal sehr gut wirken, wenn man passende Steine der richtigen Größe gefunden hat, ist aber wenig sinnvoll, da echte Steine auf der Anlage viel zu schwer sind. Viel besser eignen sich modellgerechte Materialien wie Korkrindenstücke, Styropor, Polyurethan-Schaum aus der Dose oder Kunstharz-Nachgüsse von echten, geeigneten Steinen.

Wo sind nun die Felsen angebracht? – Nur im Hochgebirge, in steil zerklüfteten Tälern oder Mittelgebirgs-Landschaften? Bei diesen Überlegungen sollte es für den Modellbahner beruhigend zu wissen sein, daß auch draußen in der Natur die „unmöglichsten Sachen möglich sind": Felsen, die aus den Wiesen zu wachsen scheinen, felsige Steilwände in einer ansonsten flachen Landschaft, flache Hügel, die trotz geringer Höhe von der Bahn oder Straße in einem Tunnel durchfahren werden (und nicht in einem Geländeeinschnitt) und viele andere, auf den ersten Blick kurios erscheinende Situationen.

Eine Methode der Fels-Imitation, die Styropor-Bauweise, wurde zu Anfang des Buches bei der Beschreibung der verschiedenen Landschaftsbau-Methoden erwähnt und erläutert. Das Zusammensetzen von felsigem Gestein aus Styropor-Brocken hat zweifellos einige Vorteile: Der Werkstoff wiegt so gut wie nichts und läßt sich leicht bearbeiten und anschließend verspachteln. Man muß aber schon ein gewisses Gestaltungsempfinden und Formgefühl besitzen, wenn die Felsen im Endeffekt realistisch aussehen sollen. Gute Vorbildfotos können dabei zwar helfen, aber es bleibt die wichtige eigene Gestaltungstechnik, die sich auch nicht in Form einer Gebrauchsanweisung vermitteln läßt.

Einfacher ist das Arbeiten mit Korkstücken, die als Geländebau-Zubehör angeboten werden. Diese dicken, aber ebenfalls leichten und nicht faulenden Rindenstücke stammen meist von den Korkeichen Korsikas; sie lassen sich kaum ersetzen durch Rindenstücke heimischer Bäume, die man auch gegen Verwitterung und Fäulnis konservieren müßte. Denn die Struktur der handlich gebrochenen Korkstücke entspricht sehr gut richtigen, zerklüfteten und verwitterten Felsen, wie man sie beispielsweise in der für diese bizarren Felsformationen bekannten Fränkischen Schweiz antrifft.

Eine Modellstraße unterhalb eines Bahndamms. So sollte eine vorbildgerechte Landstraße aussehen: Die Straßenbreite muß ausreichend sein, und rechts und links der Straßendecke muß ein Bankett und ein Graben vorhanden sein. Die Straße auf diesem H0-Schaustück wurde mit Busch-Straßenfolie gebaut, kann aber auch nach Anleitung selbst gebaut werden.

Die im Kapitel 2 gezeigten Aufbau-Beispiele für einen Anlagen-Ausschnitt mit Bahndamm und Straße (vom Verfasser zur Demonstration vorgebaut) sind hier als „Endstufe" zu sehen: Der hintere Teil ist bereits fertig gestaltet (Stellwerk: Pola)

Der Bahndamm wurde in Höhe des Stellwerks leicht zurückgesetzt und erhielt einen gemauerten Sockel. Ähnliches gilt für das Flügelsignal (ganz links). Leitplanken schützen die Mauer vor ungeübten Autofahrern.

Das Zusammenspiel zwischen Eisenbahn, Landschaft und Hintergrundkulisse ist auf dieser H0-Anlage (nach Vorbildmotiven am Rande der Nordeifel) von Rolf Siedler gekonnt realisiert worden. Die zur angedeuteten Kleinstadt adäquate Großzügigkeit des Bahnhofsgeländes harmoniert mit der zum Hintergrund leicht ansteigenden Landschaft, an die sich – sehr gut angepaßt – die Hintergrundkulisse anschließt. Eine mit Sinn für die Gesamtwirkung und viel Liebe zum Detail gebaute H0-Anlage.
Foto: em/Rolf Siedler

Felsen aus Korkrinde – immer noch eine der bewährtesten Methoden zur natürlich wirkenden Felsenimitation. Wichtig: Die Korkstücke dürfen nicht kreuz und quer zusammengesetzt werden, damit die Felsstruktur nicht unnatürlich wirkt. Eventuell vorhandene Löcher (s. dunklen Fleck in Bildmitte) und Spalten werden sorgfältig mit gefärbter Spachtelmasse bzw. kleinen einzuklebenden Korkstückchen ausgefüllt. Abschließend erfolgt ein matter, stark verwässerter Farbüberzug.

Das Verarbeiten der meist auf handliche Größen gebrochenen Korkrindenstücke ist denkbar einfach. Entsprechend des gewünschten Gesamtbildes werden die Stücke erforderlichenfalls weiter geteilt (mit dem Bastelmesser oder einer feinen Säge) und dann Schicht für Schicht zusammengeklebt, und zwar mit ganz wenig Alleskleber, aber nicht auf der vorderen Sichtseite.

Wichtig ist, sich an die „Laufrichtung" der Gesteinsschichten zu halten – also senkrecht, schräg oder waagerecht. Wahllos in allen Richtungen bröckchenweise zusammengefügte Korkstücke wirken genau so unrealistisch wie ein lieblos zusammengekleistertes schweres Gips-Felsmassiv.

Meist bleiben Spalten und kleine Löcher in der Felswand; sie müssen vorsichtig mit braungrau gefärbtem Geländespachtel verschlossen werden, aber so, daß der Fremdwerkstoff nachher nicht störend in Erscheinung tritt. Ein vorsichtiger abschließender Farbüberzug mit stark verdünnter halbmatter grau/beige/grünlicher Farbe – stellenweise verwaschen aufgetupft – ergibt das gewünschte und gut wirkende Farbfinish der von Natur aus braunen Korkstücke. Ein paar Moosflocken, ein Zweig Islandmoos und ein paar verdorrte Zweige unterstreichen die echte und naturgetreue Wirkung des Korks.

Die Modell-Felsgestaltung mit Hilfe von Polyurethan-Schaum aus der Sprühdose wurde im Prinzip ebenfalls im Kapitel über die verschiedenen Landschaftsbau-Methoden beschrieben. Diese Hartschaum-Bauweise ist aber nur dann angebracht und empfehlenswert, wenn es sich um die notwendige Gestaltung größerer Felspartien handelt. Sie bedingt den vorherigen Bau von Hilfs-Stützkonstruktionen zum Abfangen und Eindämmen der sich vervielfachenden Schaummasse und ein wirklich sehr gefühlvolles späteres Herausarbeiten der gewünschten Felskonturen. Man kann sich aber auch von einem passenden echten Felsbrocken eine Kunststoff- oder Gipsform abgießen und diese dann mit Hartschaum ausspritzen. Der Modellfelsen hat das gleiche Aussehen, wiegt aber praktisch nichts. Natürlich ist diese Methode ein wenig mühselig und zeitaufwendig, aber sie soll der Vollständigkeit halber erwähnt werden. Einige Zubehör-Hersteller bieten solche „Schaum-Felsen" auch als Fertigteile an.

Das bescheidene Landleben

Vierzig Hektar Weide- und Ackerland, dazu der passende Bauernhof – das sind Modellträume, die sich platzmäßig natürlich nicht realisieren lassen. Warum auch?

Dennoch – Felder, Wiesen und Gärten gehören selbstverständlich auch zu einer echt wirkenden Modellandschaft. Größere Äcker wird man aus Platzgründen kaum einplanen können, höchstens kleinere, und die auch nur im Zustand „kurz nach der Aussaat" oder als frisch gepflügte Stoppelfelder. Denn wogende Ährenfelder nachzubilden ist schon eine diffizile Angelegenheit, die viel Geschick und Einfühlungsvermögen bei der Gestaltung erfordert.

Frisch gepflügte Felder lassen sich dagegen einfacher nachbilden: ein entsprechend modellierter dunkelbraun, rotbraun oder sandfarben gefärbter Spachtelbrei auf nur ganz leicht wellig geformtem Gewebegeflecht bringt schon den richtigen Eindruck. Die Ackerfurchen lassen sich mit einem Kamm in den noch feuchten Untergrund einziehen. Der Kamm wird auf etwa 65 cm Breite abgeschnitten und als „Egge" benutzt und auch genauso auf dem Feld geführt. Tiefere Fahrspuren und noch ein Traktor oder entsprechende Pferdefuhrwerke runden das Bild ab. Es gibt auch sogenannte Vegetationsmatten, die Stoppelfelder, Heidekraut usw. durch entsprechend abgestimmte Beflockung und Farbgebung gut darstellen (falls es mit dem in Angriff genommenen Selbstbau nicht klappen sollte).

Auf ähnliche Art lassen sich Kleingärten modellieren. Dabei sollte man noch weiter ins Detail gehen und mehr Mühe aufwenden: zum Beispiel Moosflocken aufkleben als Gemüse-Imitation, dünne Drähte aufstellen als Bohnenstangen-Imitation, Kaninchenställe aus dünnem Karton oder Furnierholz basteln, einen Wasserbehälter (gefüllt mit Alleskleber) aufstellen und was dergleichen noch an Kleinigkeiten typisch für einen Kleingarten ist.

Wiesen sind noch wichtiger auf Modellbahn-Anlagen, denn kleinere und größere Grasflächen findet man überall: am Wegrand, neben Straßen, im Vorgarten, am Bachufer, am Bahndamm und als eingezäunte Weideflächen.

Grundsätzlich gilt für die Modell-Gestaltung einer Wiese folgendes: Größere Grasflächen werden zweckmäßigerweise mit handelsüblichen Geländematten beklebt, die es in vielen, zum Teil qualitativ hochwertigen und farblich sehr echt wirkenden Nuancen im Fachhandel gibt. Man wähle möglichst kurzgeschorene Ausführungen, da sie (besonders in Baugröße N) echter wirken. Auch zu grelle und gleichmäßig bunte Farbtönungen sollte man vermeiden.

Geländematten besitzen in der Regel einen Kunststoffolien-Untergrund; sie lassen sich mit einem dickflüssigen Weißleim (z. B. Ponal) gut aufkleben. Der Untergrund sollte außer leichten Bodenwellen keine besonders

Eine Dorfidylle „wie aus dem Leben" – das wundert nicht, denn Modellbahner Wolfgang Pilartz baute seine H0-Anlage nach dem Vorbild der Ortsdurchfahrt Ettenheim in Franken. Auf großzügigen Wiesengrundstücken einzeln stehende Wohngebäude und realistisch wirkende Bäume und Sträucher bestimmen die ländliche Atmosphäre dieses Motivs; die Faller-Hintergrundkulisse paßt sich diesem Anlagenthema gut an. An diesem fotografierten Anlagenausschnitt bestätigt sich wieder einmal der Leitsatz: Weniger ist mehr! Großzügigkeit in der Planung verfehlt auch auf einer kleinen Anlagenfläche nicht ihre Wirkung.
Foto: W. Pilartz

scharfkantigen Unebenheiten aufweisen. Die Ränder der passend zugeschnittenen Geländematten müssen sorgfältig angedrückt und die Übergänge gut, aber keinesfalls zu dick verspachtelt werden. Später wird mit Gras-Streufaser gleicher Färbung (dünner Untergrund-Leimauftrag mit feinem Pinsel) ein möglichst nicht zu gleichförmig wirkender Rand geschaffen.

Weidezäune, Viehzeug, Obstbäume und anderes Kleinzubehör vervollständigen den Eindruck einer Wiese; dazu gehören auch ein paar kleine Büsche aus Schaumstoff- oder Islandmoos und „Maulwurfshügel" aus winzigen, erdbraun gefärbten Spachtelhäufchen – sozusagen als i-Tüpfelchen.

Kleinere Flächen, besonders solche mit unebenem Untergrund, zum Beispiel an Hügelhängen, Seeufern usw. werden besser mit loser Gras-Streufaser oder anderem feinen Streumaterial begrünt, da sich Geländematten nur schlecht den kleinen gewollten Unebenheiten des Geländes anpassen. Ein vorheriger dickflüssiger, aber dünn aufgetragener Weißleimanstrich sorgt für gute Haftung der Streufasern; es gibt dieses Material auch in praktischen Streudosen, die ein gezieltes Aufbringen ermöglichen.

Bei Modellbahn-Anlagen mit größerer Tiefe (und auch bei Z-Anlagen) kann es unter Umständen wegen der Vergrößerung der Tiefenwirkung und eines besseren Übergangs zur Hintergrundkulisse günstiger sein, am hinteren Anlagenteil die Wiesen lediglich als glatte Oberfläche zu modellieren – also ohne Grasmatten oder Streufaser, Spachtelbrei wird auf vorgeformtes Gewebe (Fliegengaze) glatt aufgetragen und vorher bereits entsprechend grünlich-gelblich durchgehend eingefärbt. Ein paar winzige Trockenfarbe-Farbtupfer in Gelb, Weiß, Rot und Blau auf den noch feuchten Wiesen-Untergrund bringen zusätzlich die Illusion einer Blumenwiese. Aber bitte nicht zuviel des Guten! Wenig ist bekanntlich immer ein Mehr an Wirkung – ein Leitgedanke, der gerade bei Modellbahn-Anlagen in jeder nur denkbaren Hinsicht oft nicht beachtet wird.

Sollten Sie ein Faible für Regenwetter haben (auch das soll es geben!), dann fehlt Ihnen nur noch eine Sprühdose mit Klarlack. Damit können Sie über die komplette Landschaft einen dünnen Film sprühen, der einen leicht matten Glanz erzeugt, der wie Feuchtigkeit nach einem Regenguß wirkt. Das macht sich gut und bietet in gewisser Weise auch einen geringen Schutz gegen sichtbares Verstauben und Feuchtigkeitseinwirkung auf der Landschaft.

Achten Sie aber unbedingt darauf, daß die Gleise nichts von diesem Überzug abbekommen, sonst haben Sie eine schöne Bescherung sprich: echte Kontaktschwierigkeiten und verklebte Weichenzungen. Deshalb bei solchen Experimenten Gleise provisorisch mit Packpapierstreifen oder entsprechend breiten Selbstklebebändern abdecken.

Zum Schluß noch ein Tip aus der Vielzahl der Tricks für realistische Geländegestaltung: Wenn eine Mini-Kuh auf einer saftigen Wiese weidet, wirkt es verblüffend, wenn man in unmittelbarer Nähe die Wiesenbeflockung der Grasmatte mit einem Elektrorasierer „abgrast" – versuchen Sie das mal!

Viele Bäume machen keinen Wald

Wem das Angebot der „Baumschulen" der Zubehörhersteller nicht gefällt (zugegeben: neben guten Baummodellen gibt es immer noch schlimm wirkende „Spülbürsten" und Ping-Pong-Ball-Kugelbäume), der muß seine Modellbäume halt selbst bauen. Das ist sehr zeitaufwendig, wenn auch das Ergebnis wunderschön anzusehen ist. Selbstgefertigte Bäume empfehlen sich für im Blickfeld des vorderen Anlagenrands stehende Einzelbäume (wie z. B. ein oder zwei große Bäume auf dem Marktplatz oder auf dem Vorplatz eines Landbahnhofs).

Bäume auf Modellbahn-Anlagen sind in der Tat in mancherlei Hinsicht schon eine „schlimme Sache": Erstens braucht man rund zehnmal soviel davon, als man bei ersten überschläglichen Schätzungen während

So legt man den im Haupttext beschriebenen „Sparwald" an. Das etwas erhöhte Gerüst kann z. B. mit Gaze bespannt werden. Wenn man vor Baubeginn der Landschaft einen „Sparwald" einplant, kann das Gelände an dieser Stelle von vornherein erhöht angelegt werden, so daß der nachträgliche Aufbau der hier gezeigten Leisten-Hilfkonstruktionen entfällt.

des Planungsstadiums annimmt, und zweitens ist die richtige Auswahl und Aufstellung auch nicht immer ganz leicht.

Darum zunächst wieder ein paar Grundregeln, die fast ausnahmslos Gültigkeit haben: Nichts sieht unvorteilhafter aus wie einzeln auf der gesamten Anlage gleichmäßig „verteilte" Bäume. Wenn Sie nur wenige Bäume kaufen oder selbst anfertigen wollen, dann stellen Sie diese Einzelstücke in einer weitgehend geschlossen wirkenden Gruppe ziemlich dicht beieinander auf. Einzelbäume sind normalerweise nur vertretbar als „Dorflinde", an einer Wegkreuzung oder an einem anderen markanten Punkt.

Eine Landstraße mit beidseitig oder einseitig geschlossener Baumallee macht sich ebenfalls gut (bei dieser Gelegenheit merken Sie auch, daß die Straßen eine gewisse Breite haben müssen).

Im Zubehör-Sortiment sehr vieler Firmen gibt es – man möchte fast sagen: zahllose – Variationen vom einfachen Buschwerk aus Schaumstoffflocken und Islandmoos, Hekken und Kleinbäumen (zum Teil auch als Steck-Bausätze) bis zu den verschiedensten Baumarten in unterschiedlichen Ausführungen und Höhen, so daß wohl jeder etwas Passendes finden könnte.

Gut macht sich auf einer Modellbahn-Anlage auch ein fast vollständig bewachsener Hügel; es muß ja nicht immer jeder Quadratzentimeter der Anlage durch Gleise, Gebäude und anderes, sicherlich schönes Zubehör „vollgepflastert" werden. Ein solcher bewaldeter Hügel nimmt aber – man wird es kaum glauben – bequem einige hundert Bäume auf. Das würde nun doch ein wenig zu kostspielig für den Geldbeutel. Hier hilft der Trick mit dem „Sparwald".

Man nimmt nur für die zwei oder drei ersten Baumreihen am Waldrand richtige Bäume. Dann steckt man in den nächsten zwei, drei Reihen nur noch Baumstämme in den Untergrund und füllt die Baumkronenflächen dicht mit Islandmoos-Büschen aus. Weiter nach hinten kann man sich auch die Stämme noch sparen, indem man das Gelände etwas erhöht anlegt und das Islandmoos als Baumkronen direkt auf den Untergrund aufklebt. Diesen „Sparwald" sollte man rechtzeitig planen, um die Geländegestaltung gleich von vornherein darauf abstimmen zu können.

Noch etwas zum Selbstbau von Bäumen. Er ist keineswegs so schwer, wie er auf den ersten Blick erscheinen mag, wenn man die diffizilen Bäumchen eines Modellbau-Könners sieht. Sie können das auch, wenn Sie sich die nötige Zeit dazu nehmen (s. a. Farbbilder auf S. 76 und 77).

Bevor man an den Selbstbau von Bäumen geht, muß man sich ein wenig intensiver mit diesen „grünen Wundern" beschäftigen (manche Modellbaum-Hersteller sollten das zuweilen auch einmal wieder tun). Wuchs, Formen, Höhe, Astbau und Laubfärbung – das sind die wichtigsten Kennzeichen, durch die sich die Baumarten voneinander unterscheiden. Insbesondere die Ausbildung der Äste, die Stammhöhe und die Form der Baumkrone sind für die Nachbildung im Modell wichtig.

Was braucht man zum Selbstbau von Bäumen? – Zuerst einmal Material für die Stämme und Äste. Hierfür eignen sich entweder dünne mehradrige Litzen und Leitungsdraht oder echte, kleine, trockene Zweige, die in ihrer Verästelung allerdings weitgehend der gewünschten Form des Modellbaums entsprechen müssen (z. B. von getrocknetem Wiesenschaumkraut oder anderem hartstengeligen verästelten „Grünzeug", das sich trocknen läßt). Denn am echten Astwerk kann man im Gegensatz zum Draht-Astwerk nichts mehr nach Wunsch verbiegen.

Deshalb ist die Gestaltung von Stämmen und Astwerk aus Leitungsdraht und verdrillten Litzen schon einfacher und ermöglicht individuellere Formen. Durch Verdrillen (Verdrehen) der einzelnen Litzen bzw. Drähtchen bis zu den oberen Verzweigungen läßt sich jede gewünschte Stammform und jedes Astwerk gewissermaßen nach Wunsch formen. Zwecks besseren Halts lötet man die einzelnen Litzen an ihren jeweiligen Verzweigungen fest.

Dann wird der endgültig geformte, noch unbelaubte Baum mit einem dunkel graubraun gefärbten, sehr dickflüssigen Spachtel/Weißleim-Gemisch angestrichen, um die Drähte und Leitungen nicht mehr erkennen zu lassen. Bei dicken Stämmen lassen sich kurz vor Aushärten des Breis mit einer spitzen Nadel noch Rindenzeichnungen, Risse, Astlöcher usw. einritzen.

Je mehr dünne Ästchen aus verdrillten Litzenenden der Modellbaum hat, desto leichter und naturgetreuer kann die anschließende Belaubung erfolgen. Hierfür gibt es wieder eine Reihe von Möglichkeiten, die man am besten ausprobiert, um festzustellen, welche einem ganz persönlich „gut liegt".

Als Landschaftsgestaltungs-Zubehör gibt es Islandmoos, Kunststoff-Schaumflocken, Streumaterial und Streufaser. Alles eignet sich auch für die Belaubung von Bäumen – sogar feine Stahlwolle, wie sie zum Blankputzen von Töpfen benutzt wird! Grundsätzlich gilt für die Belaubung der meisten Bäume, unabhängig von der Art des verwendeten Materials: nur winzige kleine Flocken einzeln an die Äste kleben, niemals „dicke Klumpen". Vorsichtig zurechtgeschnittene oder gezupfte Islandmoos-Teilchen oder kleine Schaumflocken ergeben die besten Voraussetzungen für eine realistisch wirkende Belaubung.

Gleichgültig, welche Art des Astwerks gewählt wird – ob echte Zweige oder verdrillte Drähte –, das Aufbringen des Belaubungsmaterials muß wegen der Zerbrechlichkeit (bei Naturmaterial) und Verbiegungsgefahr (bei Drähten) ganz vorsichtig mit spitzer Pinzette erfolgen. Ein winziges Tröpfchen schnell trocknender Alleskleber, Sprühkleber oder Schnellstkleber auf den Verbindungsstellen reicht zum Befestigen aus.

Etwas künstlerisches Geschick, ein offenes Auge für die Natur und Fingerspitzengefühl das sind die wichtigsten Voraussetzungen für den erfolgreichen „Baum-Bau". Das verwendete Material spielt erst in zweiter Linie eine Rolle. Hier empfiehlt sich besonders das aus den USA importierte Baum-"Baukastensystem" von Woodland scenics, mit kleinen Flocken auf dünnem Foliagenetz.

Abschließend noch ein Tip zur Farbgebung der Bäume. Die Stämme sollten vor dem Be-

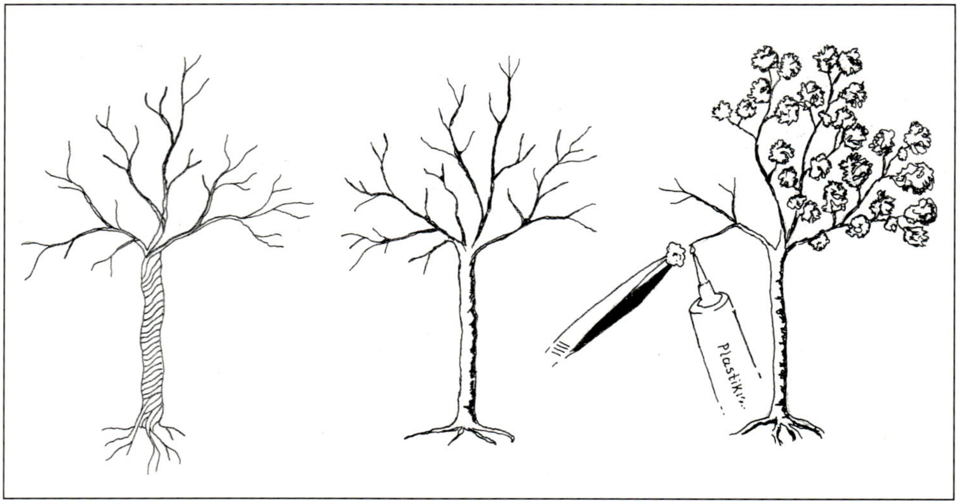

Etwas Übung und viel Zeit erfordert die Selbstanfertigung von Modellbäumen unter Verwendung verdrillter Drahtlitze (Arbeitsgänge sind im Haupttext ausführlich beschrieben). Die Mühe lohnt sich aber, denn solche zierlich wirkenden Bäume gibt es aus fertigungstechnischen und Kostengründen nicht im Handel. Sprühkleber erleichtert das Aufbringen der Schaumstoffflocken.

lauben mit einem Gemisch aus matter braun/grau/grüner Farbe gestrichen werden. Das Laubwerk (Islandmoos oder Schaumflocken) sollte je Baum gleichmäßig grün durchgefärbt werden, und zwar vor dem Ankleben an das Astwerk.

Meist ist das Islandmoos, das in abgepackten Beuteln angeboten wird, bereits in verschiedenen Grüntönen eingefärbt und auch haltbar gemacht worden. In Wäldern findet man Islandmoos hierzulande nur noch selten (wohl aber beispielsweise in Gärtnereien und Kranzbindereien); das schwammähnliche Moos hat von Natur aus eine blaßgraugrünliche Farbe. Durch Einweichen und vorsichtiges Kneten in einer Lösung aus Wasser und Glyzerin (10:1) bleibt es geschmeidig und gegen Verrottung auf Jahre hinaus geschützt. Leichter und realistischer läßt es sich allerdings mit dem Beflockungsmaterial von Woodland scenics arbeiten.

Ein Überzug aus mattem Klarlack aus der Sprühdose konserviert den fertigen Modellbaum zusätzlich. Aber er bleibt aufgrund seiner diffizilen Struktur immer deutlich empfindlicher als ein „Großserien-Baum".

Nehmen Sie sich zu Anfang keinen Wald vor – versuchen Sie es erst einmal mit zwei oder drei Bäumen; unversucht schmeckt nichts! Wenn Ihnen der erste oder zweite Baum gelungen ist, dann gründen Sie getrost Ihre eigene Modell-Baumschule.

Beim Wasserbau nicht baden gehen

Echtes Wasser auf einer Modellbahn-Anlage „läuft nicht" – in des Wortes doppeltem Sinn. Man könnte zwar einen wasserfest mit Kunststoff ausgekleideten Weiher mit echtem Wasser füllen, aber das empfiehlt sich nicht, denn Wasser bleibt Wasser und läßt sich nicht im Maßstab 1:87 oder 1:160 „verkleinern". Mit anderen Worten: Echtes Wasser wirkt auf der Anlage zu träge und glatt, selbst wenn ein Rinnsal über das Schaufelrad einer motorgetriebenen Mühle läuft – der Eindruck von fließenden Wellen wird im Modell nie erreicht.

Ganz abgesehen von diesem sichtbaren Nachteil bringt Wasser auch eine unerwünschte Feuchtigkeits-Anreicherung der Luft in unmittelbarer Umgebung mit sich. Das kann zu Korrosionerscheinungen an Eisen und anderen Metallteilen auf der Anlage führen. Also verzichten wir lieber aufs Wasser. Aber was machen wir dann?

Es gibt zwei grundsätzlich gute Methoden, um Wasser auf einer Modellbahn-Anlage zu imitieren: gewelltes, sogenanntes Kathedralglas und klares Gießharz. Beide Materialien haben ihre Vorteile und eignen sich für bestimmte Wasser-Imitationen besonders gut oder aber weniger gut.

Zur Darstellung im Modell bieten sich in erster Linie stehende Gewässer an (Weiher und kleine Seen, Andeutung von Hafenbecken) und ruhig fließende Gewässer (Bäche und kleinere Flüsse). Wildwasser, Sturzbäche und gar Wasserfälle sehen sicherlich auf Abbildungen faszinierend echt und eindrucksvoll aus, wenn sie gut gestaltet sind, in Wirklichkeit sind sie jedoch auf der Anlage ein unwirkliches, starres Gebilde ohne Leben; man sollte deshalb besser darauf verzichten.

Beginnen wir mit den sogenannten stehenden Gewässern. Ein kleiner Weiher läßt sich auf vielen Anlagen unterbringen, sein Bau und seine Gestaltung sind keineswegs so schwierig, wie man vielleicht glaubt.

Zuerst wird die Grundform des Weihers durch eine nicht zu regelmäßige Uferlinie auf der Anlagen-Grundplatte oder einer separat auf das Grundrahmengerüst an dieser Stelle aufgelegte Sperrholzplatte festgelegt. Dem Verlauf dieser Linie folgend werden je nach gewünschter Wassertiefe (in der Regel zwischen 2 und 5 cm) entsprechend dicke Leistenstücke oder besser noch: passend zugeschnittene Styroporstücke auf die Platte geklebt. Diese Unterlagen müssen ausnahmslos dieselbe Höhe haben, da sie später als ebene Auflage für die „Wasseroberfläche“ aus einer Glas-, Astralon- oder Plexiglasscheibe dienen.

Falls man sich platzmäßig einen größeren Weiher leisten kann – aber das dürfte wohl die Ausnahme sein –, bei dem die Wassertiefe von 2 bis 5 cm nicht ausreicht, läßt sich der Weiher ähnlich wie bei der früher besprochenen hängenden Schlucht auch noch tiefer nach unten ausbauen. Dazu muß in der Grundplatte etwa die Hälfte der Fläche ausgeschnitten werden. Ein korbähnlicher Einsatz aus feinem Maschengitter (Fliegengaze) sorgt für die gewünschte Weihertiefe in der Mitte. Auch hierbei sollte der Verlauf der Ausschnittlinie möglichst unregelmäßig gehalten werden.

Jetzt beginnt die Gestaltung des Untergrunds bis zur „Wasserkante“; oberhalb dieser Auflagefläche für die Scheibe wird das Ufer erst abschließend nach Aufliegen der Scheibe gestaltet.

Mit einem stark angedickten Spachtelbrei wird jetzt die Uferkante zur Weihermitte hin schräg abfallend und leicht unregelmäßig in der Oberfläche verspachtelt, gegebenenfalls auch die Vertiefung in der Mitte. Den Spachtelbrei färbt man vorher durchgehend mittelerdbraun. Zur Weihermitte hin wird er dunkelbraun bis schwarz gestrichen (das täuscht später eine große Wassertiefe vor) und zu den Uferrändern hin hellbraun, dunkelgrün bis hell-sandfarben.

Ein paar kleine echte Kieselsteinchen werden in den noch feuchten Untergrund gedrückt (notfalls leicht ankleben), winzige Moosbüschelchen und kleine Islandmoos-Zweige angeklebt und flaschengrünes Streumaterial unregelmäßig auf den vorher dünn mit Weißleim eingestrichenen Teich-Untergrund gestreut.

Bevor nun die „Wasserplatte“ auf die Uferbegrenzung aufgelegt wird, muß der Untergrund absolut durchgetrocknet sein, sonst beschlägt die Platte später auf der Unterseite. Ein Fön leistet bei diesem Trocknungsvorgang gute Dienste.

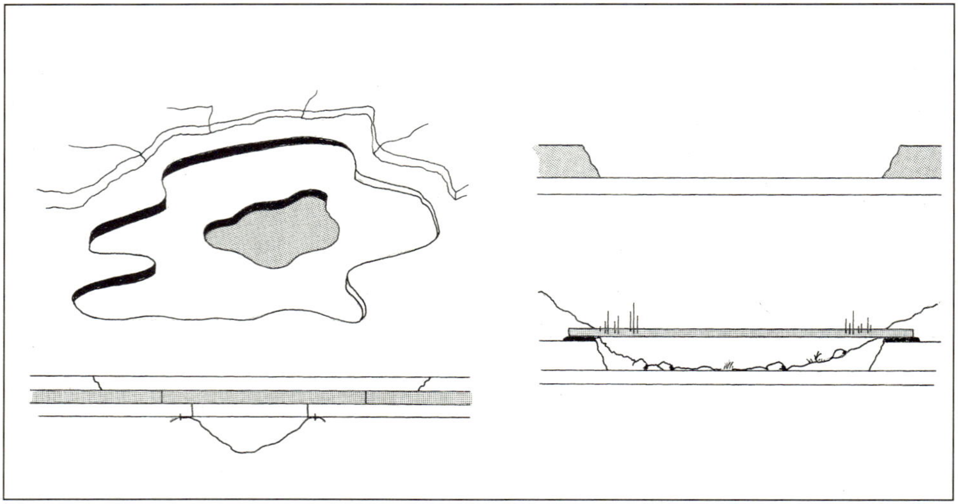

Grundaufbau eines kleinen stehenden Gewässers im Modell. Links ein kleiner See in „3-Schichten-Bauweise". Unterhalb der Anlagengrundplatte (punktiert) eine weitere ausgeschnittene Sperrholzplatte, die ein Maschengitter für die tiefste Seepartie aufnimmt; über der Grundplatte der zum Beispiel aus Styropor genau in gleicher Höhe angelegte Uferrand. – Rechts die Bauweise für einen Weiher oberhalb der Anlagengrundplatte. Auf genau gleich hohe Styroporstreifen von einigen Zentimetern Höhe wird nach Gestalten des Untergrunds unter Zwischenlage von Silikon eine Glasplatte aufgelegt und anschließend die obere sichtbare Uferpartie modelliert. Für die Seeoberfläche eignen sich zum Beispiel Kathedralglas, Preiser-Kunststoff-Seeplatte, Faller-Seefolie oder Plexiglas mit anschließendem Gießharz-Überzug. Letztere Methode erfordert den größten Arbeitsaufwand.

Wie soll nun die Oberfläche aussehen? – Wir haben die Wahl zwischen Kathedralglas, Kunststoffglas (z. B. Astralon mit gewellter Oberfläche) oder einer etwa 3 bis 5 mm dicken Plexiglasscheibe.

Jede Methode hat Vorteile, aber auch Nachteile. Kathedralglas (als kleines Reststück bei jedem Glaser fast umsonst zu bekommen) ist ein beidseitig leicht gewelltes, nicht ganz klar durchsichtiges Glas mit einer Oberflächenstruktur, die einer Wasseroberfläche mit ganz leichtem, ruhigem Wellengang verblüffend ähnlich sieht. Mit der Oberflächengestaltung hat man keinerlei Arbeit mehr. Nachteile des Glases: schlechte Bearbeitungsmöglichkeit an den Rändern, keine Möglichkeit zum Einbringen winziger Bohrungen (z. B. für Stege, Schilfrohr-Imitationen usw.).

Da ist gewelltes Kunststoffglas ähnlicher Oberflächenstruktur schon besser – nur für viele Modellbahner sicherlich etwas schwieriger bei der Beschaffung. Aus diesem Material gibt es übrigens auch fertige Platten (hellgrün bis dunkelblau gefärbt) für den schnellen Aufbau kleiner Weiher.

Plexiglas eignet sich fast ideal für eine individuelle Gestaltung der Wasseroberfläche. Seine glasklare, glatte Oberfläche muß aber mit Gießharz nachbehandelt werden. Das ist ein etwas zeit- und kostenaufwendiger Nachteil dieser Baumethode. Klares Gießharz bekommt man in jedem gut sortierten Hobby-Geschäft. Die Verarbeitung ist nicht schwierig und auf den jeweiligen Gebrauchsanleitungen deutlich beschrieben. In jedem Fall – gleich um welches Material es sich handelt – wird die Platte auf die Ufer-Stützkonstruktion aufgelegt, und zwar muß sie an allen Punkten bündig satt aufliegen, damit keine Luft und damit Feuchtigkeit in den Hohlraum unter der Platte eindringen kann. Das Anpassen der Platte an die Uferumrißlinie ist bei Plexiglas leichter als bei Glas, da sich dieser Kunststoff mit der Laubsäge sägen läßt.

Die gewünschte völlig ebene Auflage der Platte wird erreicht durch Einstreichen der Stützkonstruktion mit Alleskleber (nicht bei Styropor wegen Auflösungsgefahr!) oder durch Aufbringen einer Silikon-Fugendichtmasse aus der Tube. Jetzt beginnt die sorgfältige Gestaltung der Uferpartien. Kleine Steinchen, Sträucher, unterspülte Partien, flache Sandstellen und Schilf gehören dazu.

Schilf läßt sich durch blaßgrün gefärbte Borsten gut imitieren. Sie müssen allerdings in winzige Bohrungen (Ø etwa 0,5 mm je nach Borstenstärke) eingeklebt werden. Es empfiehlt sich, die Bohrungen nicht ganz durch die Kunstglasplatte zu bohren, sondern nur etwa auf zwei Drittel der Plattenstärke, um ein späteres Durchtropfen des Gießharzes zu verhindern.

Damit sind wir beim letzten Schliff der noch glatten Plexiglas-Wasseroberfläche (bei Kathedralglas erübrigt sich diese Arbeit). Nach Reinigen der Plexi-Oberfläche wird in einem

Ein Weiher dieser Größe läßt sich auf den meisten Modellbahn-Anlagen noch vorbildnah gestalten. Ein landschaftlich guter Kontrast wird erreicht durch das vorn flach abfallende Ufer und die steil ansteigenden Korkfelsen im Hintergrund.
Foto: H. Kijanski

Diese von Ivo Cordes entworfene Kleinanlage (in Heft 10/86 der Zeitschrift „eisenbahn magazin" erstmals veröffentlicht) macht deutlich, wie man auf einer relativ kleinen Fläche (180x110 cm) eine von Streckenführung und Landeschaftsgestaltung her glaubwürdige Anlage bauen kann. Besonders das „Wegtarnen" von Strecken (s. Kapitel 1) wurde hier gut gelöst.
Zeichnung: em/Cordes

kleinen Blechgefäß mit spitzem Ausgußschnabel das Gießharz entsprechend den Verarbeitungsvorschriften angerührt. Nach gutem Durchmischen wird das flüssige Harz mittig auf die Platte gegossen. Mit einem feinen schmalen Holzspachtel wird es notfalls vorsichtig bis an die Uferpartien verteilt. Kurz vor dem Aushärten, dem der Zustand des Gelierens etwa nach 15 min vorausgeht (Mischanleitung beachten!), werden mit dem Spachtel ganz vorsichtig, aber schnell (!) Wellen und Strömungen angedeutet – eine Arbeit, die sich schlecht beschreiben läßt, sondern am besten an einem Probestück „eingeübt" werden sollte. Ein Tip: nicht übertreiben – leichte wellenförmige, in möglichst gleicher „Windrichtung" verlaufende Vertiefungen sind ausreichend! Damit ist der Weiher fertig. – Auf ähnliche Art werden Bäche und kleine Flußtäler gestaltet; hierbei können auch schroffere, zum Teil überstehende Uferkanten modelliert werden, um Unterspülungen anzudeuten.

Alle diese Arbeiten bedürfen zweifellos einer gewissen Übung und Einfühlung in die Gestaltungstechnik, Materialbeschaffenheit und im Umgang mit Farbe. Deshalb nochmals der Rat: Zunächst an einem kleinen „Probetümpel" üben, bevor man mitsamt seinem ersten mißglückten Weiher baden geht.

Zusammenfassung

Nicht ohne Grund war dieses Kapitel das längste und ausführlichste, denn es behandelt die Gestaltungstechniken und -möglichkeiten der eigentlichen Modelllandschaft: Felder, Wiesen, Bäche, Felsen, Bäume, Straßen und Wege. Viele Tips für Anlage, Gestaltung und Bau sollen anhand ausführlich kommentierter Abbildungen und Detailskizzen die Landschaftsgestaltung auch für den Beginner erleichtern. Dennoch: Ohne Übung und ein wenig Erfahrung wird sicherlich nicht alles auf Anhieb ganz nach Wunsch ausfallen.

8 In der Stadt

Da sitzt man nun in der Klemme: Die vielen, wirklich schönen und dazu auch noch preiswerten Gebäudemodell-Bausätze – wer möchte sie nicht alle auf seiner Anlage sehen? Das ist illusorisch, wie Sie schnell verstehen werden. Aber die fast perfekte Illusion einer angedeuteten Ortschaft kann den Eindruck erwecken: Hier beginnt eine Stadt – auch wenn sie auf der Anlage gar nicht vorhanden ist.

Dörfer mit „200 Seelen“ bringen kaum nennenswerte Probleme bei der Aufstellung und richtigen Gruppierung der Gebäude, zumindest nicht im Vergleich zu einer größeren Ortschaft oder einer angedeuteten Stadt.

Städte braucht man, wenn zum Beispiel ein Großstadtbahnhofs-Empfangsgebäude wie „Bonn“ oder „Calw“ (von Faller bzw. Kibri) auf der Anlage seine Berechtigung haben soll. Aber natürlich fehlt für eine Stadt der Platz, selbst auf einer Großanlage. Wie entzieht man sich diesem Dilemma? – Die einen tendieren zu einer mehr wahllosen Gruppierung möglichst vieler und möglichst schmaler Häuser in möglichst zahlreichen und damit zwangsläufig auch zu engen Gassen, die anderen wollen lediglich Akzente setzen durch ein paar imposante Großbauten in unmittelbarer Bahnhofsnähe. Der Mittelweg wird meist der richtige sein, wie anhand skizzierter Beispiele auf den nächsten Seiten noch zu sehen sein wird.

Zuvor sollten noch einige grundsätzliche Überlegungen über die Auswahl der Gebäudemodelle getroffen werden.

Wer die Wahl hat, hat bekanntlich auch die Qual. Diese Weisheit trifft in besonderem Maß auf Modellgebäude zu. Die Auswahl, die auf diesem Sektor in den Katalogen geboten wird (u. a. von den Firmen Busch, Faller, Kibri, Pola und Vollmer), ist heutzutage außerordentlich groß – eigentlich schon fast zu groß. Jeder kann in den Sortimenten das finden, was seinen persönlichen Vorstellungen entspricht. Es gibt wunderschöne Fachwerkhäuser nach echten Vorbildern, komfortable Miniatur-Villen und Bungalows, moderne Hochhäuser und Fabrikgebäude imposanter Abmessungen sowie alte und neue Bahnhofs- und Betriebsgebäude in verschiedenen Ausführungen und Größen. Hauptsächlich werden auf diesem Sektor die H0- und N-Freunde bedacht, aber seit Beginn der achtziger Jahre finden die Anhänger der Mini-Baugröße Z (M 1:220) ebenfalls schon eine Vielzahl sehr gut ausgeführter Gebäudemodelle in den Katalogen.

Und nun sind wir schon mitten in den Schwierigkeiten, die eine Gebäudeauswahl beeinflussen: Man kann nicht einfach alles wahllos zusammenstellen nur unter dem Gesichtspunkt: Das Haus gefällt mir besonders gut! Oder: Diesen Bahnhof muß ich einfach haben! Denn auch bei der Auswahl der Gebäude soll man sich an bestimmte Grundregeln halten, die man sich übrigens bei der Festlegung des Anlagenthemas sogar in den meisten Fällen selbst diktiert hat.

Es geht nicht an, eine nordfriesische Dorfschmiede ins Alpenvorland zu verlegen oder einen typisch oberfränkischen Fachwerkbau mit einem zweifellos genauso schönen Schweizer Bergdorf zu kombinieren. Und wenn man eine holländische Windmühle in unmittelbarer Nähe einer Tiroler Trutzburg auf der Anlage sieht, kommen einem schon fast die Tränen. Das muß, bei aller Freizügigkeit, nun wirklich nicht sein.

Diese Beispiele könnte man noch nach Belieben fortsetzen, doch wollen wir uns hier aus Platzgründen auf Grundsätzliches beschränken. Trotz dieser notwendigen Überlegungen bleibt dem einzelnen immer noch genügend große Auswahlmöglichkeit bei der Zusammenstellung der Gebäude für seine Anlage. Diese Auswahl wird vor allem dadurch

Mit dem „Hinstellen" von Gebäuden allein ist es nicht getan – die Szenerie muß in ihrer Gesamtgestaltung stimmen. Dazu gehört vor allem zur gewählten Anlagenepoche passendes Zubehör wie Autos, Figuren, Straßenleuchten usw. Gut getroffen wurde hier der kleine Vorplatz eines Landbahnhofs (Vollmer). *Foto: Jürgen Mehnert*

erleichtert, daß die meisten Modellgebäude-Hersteller seit langem schon nicht nur schöne Einzelgebäude anbieten, sondern oftmals ganze „Straßenzüge“ mit zueinander passenden Gebäuden verschiedener Größen.

Zunächst bestimmt die Landschaft den Gebäudecharakter. Eine leicht hügelige Modelllandschaft läßt so ziemlich alles offen und erweist sich also auch in diesem Punkt wieder einmal als vorteilhaft. Modelle nach holländischen oder norddeutschen Vorbildern müssen hier nicht fehl am Platz sein, wenn nicht gerade eine Hochgebirgs-Hintergrundkulisse (darüber später noch mehr) eine solche Gebäudeauswahl von vornherein unglaubwürdig wirken läßt.

Die Kombination zwischen alten Fachwerkhäusern und modernen Bauten (und sogar Hochhäusern) ist ebenfalls realistisch. Nur sollte man beides nach Möglichkeit gruppenweise voneinander trennen: Ein Marktplatz mit Rathaus und angrenzenden alten, historisch wirkenden Gebäudekomplexen paßt durchaus zu modernen Bauten, wie das Bild der Städte beweist. Mit Hochhäusern von mehr als sechs bis acht Stockwerken sollte man allerdings selbst auf N- und Z-Anlagen etwas zurückhaltend sein, denn durch die Höhe und das schon dadurch bedingte wuchtigere Aussehen der Gebäude kann man das ohnehin schon zu kleine Stadt- oder Vorortgelände auf der Anlage buchstäblich noch weiter ungewollt „optisch zusammenstauchen“ – und das ist auf jeden Fall falsch.

Sie werden inzwischen bemerkt haben, worauf es bei der Auswahl der Gebäude ankommt. Stellen Sie nicht alles wahllos durcheinander, sondern ordnen Sie ein wenig nach auffällig voneinander abweichenden Baustilen und Bauepochen. Vergessen Sie auch nie die Größe der Gebäude. Auf den aus Platzgründen viel zu kleinen Hügeln der Anlage und auf angedeuteten Gebirgszügen im Hintergrund soll man grundsätzlich nur kleine Gebäude aufstellen (am besten gar keine!), damit die Diskrepanz der „gestauchten Berge“ nicht so sehr ins Auge fällt. Und wenn Sie der Meinung sind, Sie müßten unbedingt auch im hintersten Anlagenwinkel noch ein Haus oder eine Kirche aufstellen, dann nehmen Sie ein Gebäude der nächstkleineren Baugröße; dadurch bringen Sie optisch wenigstens noch etwas an zusätzlicher Tiefenwirkung in die Anlage. Direkt neben einer Bahnstrecke darf man solche „Hintergrundmodelle“ allerdings nicht aufstellen, weil sonst die Maßstabsdiskrepanz zwischen Fahrzeugen und kleineren Gebäuden sofort auffällt.

Die Größenplanung

Ewiger Streitpunkt zwischen Herstellern, Modellbahn-Fachpresse und Modellbahnern ist die zuweilen etwas verkrampft geführte Maßstabdebatte. Soll ein Modellgebäude nun genau in allen Abmessungen dem Baugrößen-Maßstab der Modellbahn entsprechen oder nicht? Ich meine: ja und nein. Es kommt halt auf den Standpunkt an. Und das ist im doppelten Sinn des Wortes gemeint. Nämlich: An welcher Stelle steht das Gebäude auf der Anlage?

Folgende Leitgrundsätze sollten bei Modellgebäuden immer eingehalten werden:

1. Alle Gebäude in unmittelbarer Nähe der Bahnlinie (z. B. Bahnhöfe und Betriebsgebäude, Stellwerke usw.) müssen mindestens in der Stockwerkshöhe des Erdgeschosses genau maßstäblich ausgeführt werden. Erst weiter nach oben (etagenweise abnehmend) kann die Höhe bis etwa maximal 10% je Stockwerk „schrumpfen“. Diese Höhen-Verringerung wirkt sich im Gesamteindruck sogar in den meisten Fällen vorteilhaft aus, denn: Bei einem vielstöckigen Gebäude sieht der Betrachter die obersten Stockwerke von der Straße aus ebenfalls in der Höhe „gestaucht“; er vermag die tatsächliche Höhe eines Gebäudes nicht mehr zu beurteilen.

Die meisten Gebäude der Modellbahnzubehör-Hersteller sind auf diese Weise entworfen und gefertigt, wenn auch manchmal die Verkürzung ein wenig zu sehr übertrie-

Detailansicht vom Bahnhofsvorplatz „Grauenfels" (s. Panorama-Aufnahme auf Seite 81). Wohltuend wirkt die sparsame „Bestückung" der Straße mit Kraftfahrzeugen und Figuren. Man beachte den durch Bäume geschickt kaschierten Übergang zwischen dem ansteigenden Gelände und der Hintergrundkulisse; der Übergang zeigt keine störende Kante (siehe dazu Kapitel über Hintergrundkulissen).
Foto: em/Rolf Siedler

Drei grundsätzliche Möglichkeiten zur richtigen Anordnung eines Bahnhofs mit seinem Umfeld auf der Anlage. Lösung A ist die platzsparendste, Lösung B ermöglicht schon die Gestaltung eines kleinen Bahnhofsvorplatzes und Lösung C zeigt die Gestaltung eines Bahnhofsvorplatzes mit angrenzendem Stadtviertel. Nähere Erläuterungen zu den einzelnen Möglichkeiten finden sich im Haupttext.

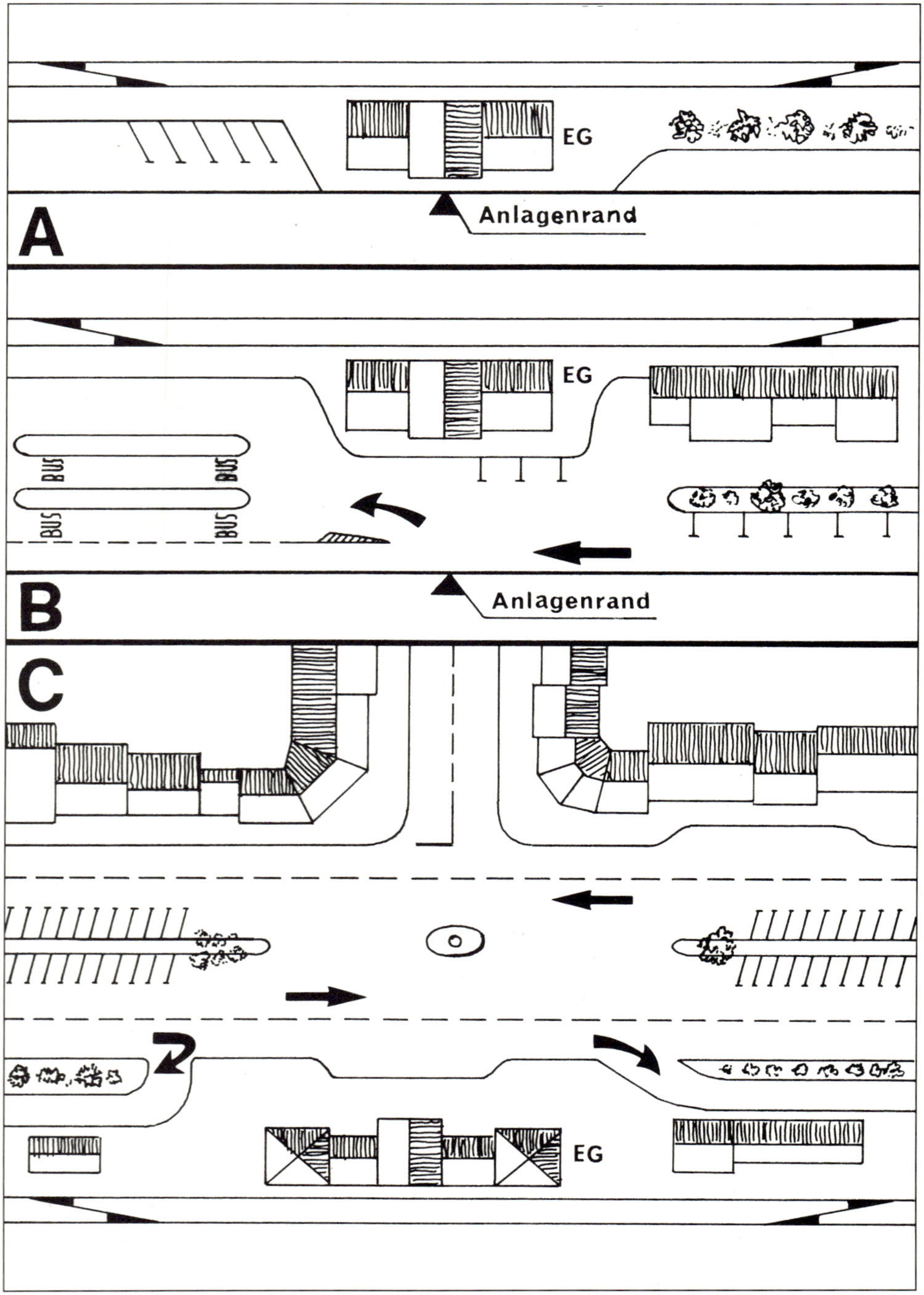

Ein mustergültiges Beispiele für die richtige Anlage eines „Viertels" (hier aus Pola-Stadthäusern im N-Maßstab aufgebaut). Erst wenn man die Abbildung länger als nur einen flüchtigen Augenblick betrachtet, wird man die vielen interessanten und nachahmenswerten Gestaltungsdetails erkennen.

ben wird. In solchen Fällen muß der Modellbauer selbst Abhilfe schaffen.

2. Die Längenabmessungen eines Gebäudemodells können (und müssen manchmal) in Grenzen verkürzt werden, ohne daß darunter der Gesamteindruck des Modells sichtbar beeinträchtigt wird. Nur die Gesamtproportionen eines Modells dürfen nicht verzerrt werden. Das Gebäude muß – auch wenn es in der Länge verkürzt ist – vorbildgerecht wirken. Um diese Formgebung zu erreichen – dies gilt für Hersteller und Selbstbauer gleichermaßen – bedarf es eines sicheren Stilempfindens und sorgsamer Planung.

Sieht man sich die Kataloge der Gebäude-Hersteller an (die Größenangaben zu den einzelnen Gebäuden sind fast immer ausgedruckt), so wird man schnell erkennen, welche Gebäude weitgehend maßstäblich gefertigt sind (bzw. entsprechend dem oben Gesagten sinnvoll geringfügig verkürzt) und welche Gebäude dagegen in ihren Abmessungen „völlig danebenliegen".

Da alle Gebäudemodelle aus Kostengründen heutzutage in Bausatzform angeboten werden, sind Veränderungsarbeiten vor dem Zusammenbau nicht allzu schwierig. Manchmal hilft schon ein kleiner Mauersockel, um dem Erdgeschoß fehlende Millimeter an Höhe zuzugeben, und auch zwischen einzelnen Geschossen lassen sich auf diese Weise zu geringe Höhen ausgleichen. Für solche Umbauten oder Verbesserungen an Modellgebäuden finden sich ständig Anregungen und Anleitungen in den Modellbahn-Fachzeitschriften (z. B. „eisenbahn magazin"). Dem Ideenreichtum des einzelnen sind hier nur die Grenzen der vorbildtreuen Gesamtwirkung des fertig zusammengesetzten Modells gezogen. Und auch hier gilt wie so oft: Das Vorbild ist das beste Vorbild. Der Nachbau tatsächlich existierender Gebäude ist

Auf dem rechten Bild ist ein Pola-Modellgebäude zu sehen, das die Perfektion in der Ausführung von Gebäudemodellen deutlicher als Worte zeigen kann. Dies gilt für die Angebote von Z-H0. Selbstbau lohnt eigentlich nur, wenn man ein ganz bestimmtes Vorbildgebäude im Modell sehen möchte. *Werkfoto*

Die Gestaltung eines realistischen Städtebildes auf Modellbahn-Anlagen ist heutzutage nicht mehr allzu schwierig, bietet doch die Zubehörindustrie detaillierte Bausatzmodelle für Gebäude der verschiedensten Stilrichtungen und Epochen an. Als Beispiel ist Frankfurts „Römerberg" – eine historische Fachwerkzeile – als Faller-H0-Modell abgebildet. *Werkfoto*

Ein gelungenes Gebäudekonzept von Kibri: die H0-Häuserzeile „Bonn" mit maßstäblich exakt nachgebildeten Wohnhäusern aus der Jugendstil-Epoche – ideale Modelle für eine Anlage mit „gehobenem Kleinstadtcharakter".

Absolutes Großstadt-Flair vermitteln die pompös wirkenden großen Modellbauten von Vollmer (im Bild: Hotel und Rathaus), die allerdings auf kleinen Anlagen und als Einzelgebäude kaum richtig zur Geltung kommen. Werkfotos

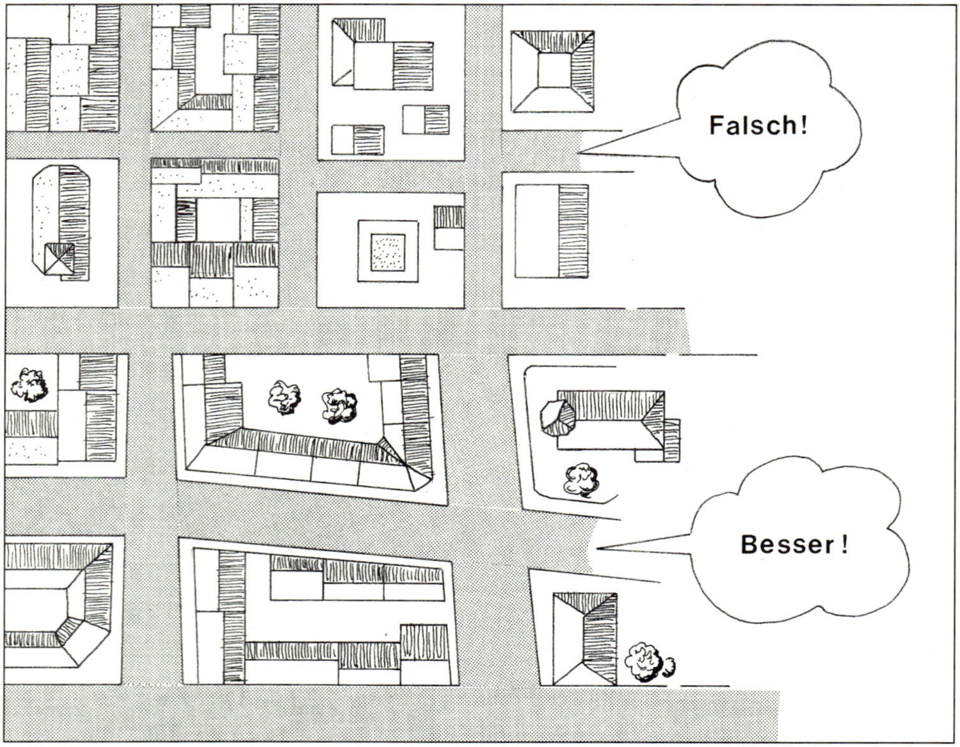

Planungsbeispiel für ein Stadtviertel. Die obere Skizze zeigt, wie es vielfach auf Modellbahn-Anlagen aussieht: Die Straßen sind zu schmal und zu eng angelegt — es bleibt kaum Platz für realistische Gestaltung. Unten sieht es schon besser aus: Die Straßen sind breiter (zum Hintergrund hin verjüngen sie sich leicht, das bringt mehr Tiefenwirkung), sie sind nicht nur starr im rechten Winkel angelegt, und es bleibt genügend Platz zur Gestaltung der Innenhöfe.

schließlich durch die vielen Bausätze, Einzelteile, Mauer- und Dachplatten viel einfacher geworden. Versuchen Sie sich als Architekt und Baumeister!

Wir gehen auf die Straße

Ohne Straßen geht es nicht. Eine Binsenweisheit – aber doch voller Probleme und Fehlermöglichkeiten. Immer wieder ertappt man sich dabei, zu viele Straßen einzuplanen, damit man mehr Gebäude aufstellen kann. Dann fehlt es zwangsläufig an der Straßenbreite und auch die Hinterhöfe der Gebäude haben oft nur Fußmattengröße. Für einen großen Baum im Innenviertel eines Straßenvierecks bleibt bei dieser Falschplanung schon gar kein Platz mehr.

Es muß richtig geplant werden. Jede Planung geht in diesem Fall vom Mittelpunkt der Anlage aus – vom Bahnhof. Bevor man ans Planen geht, muß man sich über Lage und Anordnung des Bahnhofsviertels klarwerden. Der Bahnhof, seine Größe und seine Lage wirken bestimmend auf die übrigen Gebäude. Es gibt verschiedene grundsätzliche Möglichkeiten, die erläuternd in den

Prinzipskizzen dargestellt sind – für einen dieser auf Seite 98 skizzierten Vorschläge können Sie sich entscheiden.

A – Der Bahnhof liegt am vorderen oder hinteren Anlagenrand, mit der Straßenseite relativ dicht an der Anlagenkante. Ein Bahnhofsvorplatz mit zugehöriger Bebauung kann entfallen, weil er sich auf einer „gedachten Fortsetzung" der Anlage befindet. Eine günstige Lösung für kleinere Anlagenflächen, auf denen ein größerer Bahnhof untergebracht werden soll.

B – Der Bahnhofsvorplatz soll ein dominierendes Element auf der Anlage sein. Eine gestalterisch zweifellos reizvolle Aufgabe (denn endlich kann man den „richtigen" Städteplanern mal vormachen, wie sich die Anwohner einen vernünftigen Bahnhofsvorplatz vorstellen und wünschen). Aber das kostet auch Platz. Selbst ein kleiner Landbahnhof hat „Vorfläche" vor dem Empfangsgebäude: Zu- und Abfahrten, Parkplätze, Wendeflächen für Lkw, die am Güterschuppen anfahren und meist auch Grünflächen in unmittelbarer Umgebung.

Ein Stadtbahnhof braucht noch mehr Platz: Parkplätze für wenigstens 20 Autos, Taxistände, großzügig angelegte Zu- und Abfahrten, einen Busbahnhof und eventuell Straßenbahn-Haltestellen mit Inseln. Breite, mehrspurige Straßen, Fußgänger-Überwege – all dies muß berücksichtigt werden, um den imposanten Abmessungen eines Stadtbahnhofs gerecht zu werden.

C – Ein Maximum an Flächenbedarf in der Bahnhofsumgebung wird erforderlich, wenn neben dem Bahnhofsvorplatz auch noch die angrenzenden Straßenzüge zumindest angedeutet werden sollen. In Baugröße H0 ist dies meist nur möglich, wenn der Bahnhof am hinteren Anlagenrand angesiedelt wird. Dann kann die Stadthauszeile an der Kulisse enden und „weitergedacht" bzw. durch eine angepaßte Hintergrundkulisse (s. letztes Kapitel) optisch fortgeführt werden.

Als praktisch in diesem Fall erweist sich auch eine langgestreckte Häuserzeile am hinteren Anlagenrand, nach Möglichkeit in Halbrelief-Bauweise ausgeführt (nur Vorderfronten und halbe Giebelwände bis zum Dachfirst). Das spart Kosten (jeder Bausatz kann mit Vorder- und Rückseite verwendet werden) und auch wertvollen Platz in der Anlagentiefe, weil es nur „halbe Häuser" gibt.

Die Höhe der in unmittelbarer Nähe des Bahnhofs stehenden Gebäude sollte nur unwesentlich niedriger sein als die des Empfangsgebäudes. Kleine Einfamilien-Häuschen in unmittelbarer Nähe eines Stadtbahnhofs sind im Normalfall ein Witz und denkbar unpassend.

Wenn Sie sich für eine dieser angebotenen Lösungen entschieden haben (vielleicht gelingt Ihnen auch eine günstige Kombination zwischen diesen drei Möglichkeiten), kann die Straßenplanung vorgenommen werden. Dabei sollte man folgendes beachten: Straßen sollen vom Bahnhofsvorplatz aus nie rechtwinklig fortführen, sondern ganz leicht strahlenförmig und zum Anlagen-Hintergrund hin ein wenig schmaler werden; das täuscht eine großzügigere Weite vor, als sie tatsächlich vorhanden ist.

Sehr gut macht sich – wenn man sich das platzmäßig leisten kann und in der Planung entsprechend berücksichtigt – vor dem Bahnhofsvorplatz eine breite mehrspurige Straße, die auch den Bus- und Straßenbahn-Nahverkehr aufnimmt. Diese Straße muß natürlich irgendwo in der Nähe am Anlagenrand beginnen und nach höchstens ein bis zwei Metern an einer anderen Anlagenkante oder in einer Unterführung wieder „verschwinden". Sonst würde sie auf der Anlage ungewollt dominieren; schließlich soll doch der Eisenbahn diese Vorrangstellung nicht genommen werden.

Solche sicherlich vorbildgerechten Straßenszenen bleiben besser einem speziell darauf ausgerichteten separaten Schaustück (Diorama) vorbehalten.

Einen großen Fehler sollte man vermeiden: Wenn eine Stadt in Bahnhofsnähe durch Häuserzeilen angedeutet werden soll, darf

Oben: Bei dieser H0-Anlage (eine Redaktionsanlage der Zeitschrift „eisenbahn magazin") führte ein Trick zur Tiefenwirkung des Stadtviertels: Ein Spiegel – exakt senkrecht montiert – verdoppelt optisch Straßen und Gebäude, ohne Platz dafür zu beanspruchen. Rechts: Diese Kibri-H0-Gebäudeserie zeigt, wie detailliert und exakt in der Ausführung heutzutage Gebäude-Bausätze von den Zubehör-Herstellern gefertigt werden können.
Fotos: ep/em-Archiv

Die farbigen Hintergrundkulissen der schweizerischen Modellbahnzubehör MZZ AG. zeichnen sich durch eine im Vielfarbdruck besonders plastisch wirkende Ausführung aus. Der kräftige und richtig angelegte Schattendruck vermittelt das Gefühl, es handele sich bei den (nur aufgedruckten) Gebäuden, Brücken, Stützmauern usw. um Halbrelief-Bauten. Im Bild oben ist die Kulisse für ein Großstadt-Bahnhofsvorfeld zu sehen – eine von vielen MZZ-Kulissen. Vorn ein Bahndamm mit Ladengeschäften und einer „echten" Straßen-Unterführung, dahinter – im Gleisabstand – kleinere Industriebauten, die die Illusion komplett machen.

Das Bild links steht im Gegensatz zur oberen städtischen Atmosphäre: Ein romantisches Bergdorf mit dahinter liegenden bewaldeten Hügeln sorgt für einen landschaftlich passenden Anlagenabschluß. Unmittelbar vor den (gedruckten) Gebäuden sollte man nur im Baustil dazu passende „echte" Modellgebäude aufstellen, um die realitätsnahe Illusion der MZZ-Kulisse nicht zu stören. Werkfotos

Zum Bahnhofsbereich gehört auch die Ortsgüteranlage. Die Abbildung zeigt einen Ausschnitt aus einem Märklin-H0-Diorama und gibt die Atmosphäre am Güterschuppen besonders realistisch wieder. Auch auf dieser Schwarzweiß-Abbildung kommt die positive Wirkung des farblichen „Alterns" von Gebäuden, Fahrzeugen und Zubehör sichtbar zur Geltung.

die Bahnlinie auf keinen Fall um diesen Stadtteil herum in Form eines sichtbaren Halbkreises geführt werden; der hintere Streckenteil muß auf jeden Fall kurz hinter dem Bahnhofsvorfeld zum Beispiel in einer breiten Straßenunterführung am Anlagenrand oder – in hügeligem Gelände – in einer Tunnelstrecke den Blicken des Betrachters entzogen werden; jede andere Lösung ist unglaubwürdig.

Dieses „Wegtunneln" einer optisch unliebsamen Streckenführung darf nicht zu abrupt erfolgen. Der Streckenverlauf muß wenigstens auf einer Länge von etwa einem Meter (in Baugröße H0) so auf das „Abtauchen" vorbereitet werden, daß der folgende den Blicken entzogene Streckenverlauf logisch erscheint. Dies kann beispielsweise durch ein leichtes Absenken der Gleise geschehen oder durch eine Straßenbrücke, die kurz vorher noch die Gleise überquert.

Nun noch einige Anmerkungen und Tips zur Straßenbreite und zum praktischen Aufbau der Straßenzeilen in Ortschaften und angedeuteten Städten.

Sieht man einmal von sogenannten „Altstadtvierteln" mit engen Gäßchen, Einbahnstraßen und schmalbrüstigen Fachwerkhäusern ab, gilt generell die Regel: zwei ausrei-

Diese Abbildung zeigt nicht nur ein nachahmenswertes Beispiel für die Gestaltung eines Bahnhofsvorplatzes mit Postamt und Busbahnhof (auf der N-Anlage von Bertram Steffens), sie bietet außerdem am Beispiel der Post (ein Herpa-Modell) eine praktikable Lösung des Beleuchtungsproblems von Modellgebäuden an: Die Gebäude werden nicht fest auf die Anlagengrundplatte geklebt, sondern mittels eingeklebter Ministecker und -kupplungen (hier von Brawa) aufgesteckt. Die Steckverbindungen dienen gleichzeitig der Lichtstrom-Übertragung und erleichtern das Wechseln durchgebrannter Lämpchen.

chend breite Fahrspuren und zumindest ein einseitiger Parkstreifen sind das Minimum für eine Straße. Hinzu kommen genügend breite Gehwege auf beiden Seiten und gegebenenfalls noch Haltebuchten für Busse und Taxis. Bei größeren Geschäftsstraßen im Bahnhofsviertel sollte eventuell auch ein Gleiskörper für eine Straßenbahnlinie berücksichtigt werden.

Das kostet alles Platz in Länge und Breite. Versuchen Sie sich zunächst in der Straßenplanung zeichnerisch auf dem Papier – Sie werden staunen, wie wenige Straßen letztendlich noch auf der Anlage unterzubringen sind. Bescheidenheit ist angesagt.

Aber der Gesamteindruck der Modellbahn-Anlage gewinnt, wenn diese wenigen Straßen in den Abmessungen richtig angelegt sind. Vergleichen Sie einmal die „falschen" und die „richtigen" Skizzen-Beispiele miteinander, dann fällt Ihnen die Planung leichter. Sowohl mögliche, aber vermeidbare Fehler als auch Vorschläge für praktikable, günstige Lösungen lassen sich zeichnerisch besser darstellen und erläutern, als dies mit vielen Worten erreicht werden kann (siehe auch Abbildung auf Seite 102).

Auch bei der Planung Ihrer Modell-Ortschaft oder -stadt sollten Sie sich zunächst

Wer ob dieses realistischen Hintergrunds ins Staunen gerät, dem sei verraten, daß es sich bei diesem Motiv um einen „echten“ Hintergrund handelt. Die Erbauer dieses H0-Schmalspur-Dioramas, die Brüder Stefan und Burkhard Rieche, haben nicht nur ein perfektes Bahnhofsmodul gebaut (siehe auch Titelbild), sondern für die fotografische Präsentation das Anlagenteil draußen vor einen „richtigen“ Hintergrund in geeigneter Perspektive ins rechte Licht gerückt – eine doppelte Leistung!
Foto: S. Rieche

aufs „Bildhafte" konzentrieren: Zeichnen Sie die Grundrisse der ausgewählten Gebäude im Maßstab 1:10 auf Pappe, schneiden die Flächen aus und schieben die Grundflächen so lange auf dem Papier hin und her, bis der günstigste Standort der Gebäude gefunden scheint. Die Straßen werden auf dem Blatt durch dicke seitliche Begrenzungslinien gezeichnet. Bei diesem Planspiel sind Änderungen kein Problem. Wenn dann erst die Bausätze montiert sind, kann dieses Puzzlespiel „live" auf der Straßengrundplatte wiederholt werden, da die dreidimensionale Wirkung der einzelnen Gebäude vielleicht doch noch einige Änderungen in der Aufstellung erforderlich werden läßt.

Damit sind wir mitten drin im „praktischen Städtebau". Sind die notwendigen Überlegungen abgeschlossen, können die ausgewählten Bausätze zusammengebaut werden. Sind keine Änderungen erforderlich (z. B. Vergrößern der Stockwerkshöhen, zusätzliche An- oder Umbauten), bringt das keine Probleme, zumal die Bauanleitungen ausführlich den Zusammenbau zeigen. Paßgenaues Arbeiten, sorgfältiges Verspachteln und farbliches Nachbehandeln eventuell unvermeidlicher Mauerspalten sind Selbstverständlichkeiten.

Die Grundplatten der einzelnen Gebäude sollten nur als Montagehilfe benutzt werden (Wandteile nur mit Kleber-Tupfern anheften), weil sie für den Aufbau einer homogenen Straßenzeile unbrauchbar sind. Nur bei einzeln stehenden Gebäuden (z. B. in Dörfern) sind die Grundplatten praktisch. Man muß allerdings für eine hundertprozentig glatte und ebene Auflagefläche sorgen. Notfalls ist der Übergang zur Stellfläche mit etwas Geländespachtel zu schaffen, denn es sieht spielzeughaft aus, wenn zwischen Gebäuden und Untergrund ein Spalt klafft. Solche Mängel entdeckt man meist erst auf Fotos von der Anlage.

Wenn es Nacht wird

Es wird höchste Zeit, in diesem Zusammenhang schnell noch auf ein „dunkles Kapitel" hinzuweisen, um Sie vor fehlerhafter Eile beim Zusammenbau der Gebäude zu bewahren. Wenn man erst einmal beim Zusammenbau der Häuser ist, vergißt man nur zu leicht, an eine eventuelle erst später gewünschte Beleuchtung der Gebäude zu denken. Die meisten Hersteller haben in dieser Hinsicht schon vorgesorgt und dem Bausatz schwarze Papiereinsätze beigelegt, die ein Durchscheinen des Lichts durch die dünnen Plastikmauern verhindern sollen. Aber ganz so einfach ist die Sache nun auch wieder nicht, wenn die nächtliche Illumination der Gebäude realistisch wirken soll.

Zunächst müssen unter den jeweiligen Standflächen der Häuser genügend große Öffnungen in die Grundplatte gebohrt oder eingesägt werden, damit sich die Beleuchtungssockel mit Lämpchen nachträglich mühelos einsetzen lassen. – Und dann machen Sie am Abend einmal einen Spaziergang um den Häuserblock – was stellen Sie fest? Nicht hinter jedem Fenster brennt Licht, und Intensität und Farbe des Lichts sind unterschiedlich. Mal sind farbige Vorhänge zugezogen, mal gibt es gar keine Gardinen; irgendwo geht das Treppenhauslicht vom Erdgeschoß bis zum obersten Stockwerk an und verlöscht nach drei Minuten wieder (mit einem Zeitschalter ist das auch in Modellgebäuden kein Problem). Wenn Sie also ein Nachtschwärmer sind und gerne Nachtstimmung auf der Modellbahn-Anlage erleben möchten, gibt es noch einiges vorher zu tun. Denn sind die Gebäude erst einmal zusammengeklebt, dann läßt sich in dieser Hinsicht im nachhinein nur noch sehr schwer etwas erreichen. Auf folgende Punkte müssen Sie achten, wenn Sie Licht in die Modellstadt bringen wollen:

1. Unter jedem Haus ist ein etwa 3–5 cm großes Loch in der Grundplatte einzubringen, um ein oder mehrere Lämpchen von unten her montieren zu können (auch ans Auswechseln denken!).

2. Die Gebäudewände (vor allem die Knick-Klebestellen) müssen absolut lichtdicht gemacht werden – entweder durch Einkleben

Auch das gehört meistens zu einem Stadtbahnhof (s. a. Kapitel über künstliche Dammbauten): Trafostationen und Elektrowerkstatt sowie andere kleinere Betriebsanlagen des Bahnhofs, die platzsparend innerhalb des Bahndamm-Bauwerks (meist gleisseitig) untergebracht sind. Dieses Motiv wurde auf der N-Anlage von Bertram Steffens aufgenommen. Übrigens: Die sichtbaren kleinen Spalten zwischen Damm und Untergrund sind in diesem Fall leider kaum vermeidbar, da alle Gebäudeteile abnehmbar ausgeführt werden mußten. Abhilfe: Etwas „Grünzeug", wie vor der Elektrowerkstatt rechts, kaschiert die Spalten und sorgt so für ein besseres Gesamtbild der Gestaltung.

von mattschwarzem Papier oder durch lichtundurchlässigen Farbauftrag auf die Wand-Innenseiten.

3. Fensteröffnungen sollten nicht wahllos Licht nach außen durchlassen (Zimmereinteilung berücksichtigen). Durch Hinterlegen von transparentem (auch verschiedenfarbigem) Papier kann die Lichtstärke und Farbe beeinflußt werden. Nicht zu beleuchtende Fenster werden mit schwarzem Papier lichtdicht hinterlegt.

4. Sonder-Beleuchtungen, wie z. B. Treppenhäuser mit Zeitschaltungen, müssen separat ausgeführt werden; eine entsprechende Extra-Abdeckung durch Pappe und ein Extra-Lämpchen sind zu installieren.

Wer ganz geschickt ist und einen besonderen optischen Gag einbauen möchte, der Betrachter zu näherem Hinsehen animiert, kann sogar hinter einem großen gardinenlosen Fenster oder im Schaufenster eines Ladengeschäfts eine Inneneinrichtung, belebt mit Figuren, andeuten. Bei schwacher Innenbeleuchtung des betreffenden Raums wirkt ein solches Motiv in der Tat faszinierend.

Natürlich müssen bei soviel Nachtstimmung auch die Straßen beleuchtet werden; dazu auf den nächsten Seiten einige Tips.

Straße – Gehweg – Laterne

Ist das Innenleben der Gebäude fertig gestaltet, können die Häuser zusammengeklebt werden; ein in vielen Fällen gewünschtes Altern mittels matter Farbe (z. B. Trix-Farbset, Acrylfarben oder Humbrol-matt) sollte noch vor dem Einsetzen der Fenster erfolgen, d. h. vor dem Zusammensetzen und Verkleben der Wandteile.

Die eventuell vorhandenen Einzelgrundplatten der Gebäude, die nur zum winkligen Zusammensetzen der Seitenwände mit wenigen Kleberpunkten angeheftet wurden, können wieder vorsichtig gelöst werden.

Die Gebäude werden dem geplanten Straßenverlauf folgend aufgestellt, etwas vor- und zurechtgerückt, bis der endgültige Standplatz feststeht. Dann wird mit einem Bleistift in ausreichendem Abstand der Bordsteinkantenverlauf auf der Grundplatte aufgezeichnet unter Berücksichtigung der Straßenbreite. Diese Grundplatte sollte man, wenn es eben geht, als Extrateil aussägen, damit die Gebäude in aller Ruhe und mit aller Bequemlichkeit am Küchentisch zu einem Stadtviertel montiert werden können. Die abnehmbare Platte ist praktischer als die direkte Montage der Gebäude auf der Anlagengrundplatte.

Die Grundplatte wird mit Hartpappe von maximal 2 mm Stärke (H0) bzw. 1 mm (N) beklebt, nur die Straßenfahrbahnen werden ausgeschnitten. Gehsteige und Straßen werden nach Durchtrocknen des Leims mit hellgrauer matter Farbe gestrichen. Oder man scheut nicht die Mühe (und Kosten), eine Fertig-Straßenfolie anzupassen und aufzukleben. Es gibt für diesen Zweck auch plastische Kopfsteinpflasterplatten aus Kunststoffguß, die aufgeklebt werden.

Vor Beginn dieser Arbeiten lohnt sich ein Blick in die Kataloge der Zubehörhersteller (s. a. Bezugsquellen-Nachweis am Schluß des Buches). Fast alles, was man zur vorbildgerechten Gestaltung von Modellstraßen benötigt, kann man auch fertig kaufen – von Straßenleuchten in reichlicher Auswahl über Verkehrsschilder, Ampeln bis hin zu Papierkörben, Briefkästen, Abfallcontainern und Gehwegplattenteilen.

Entscheiden Sie selbst, ob Sie fertige Zubehörteile verwenden oder lieber alles selbst bauen wollen – aus Kostengründen oder ganz einfach, weil Ihnen der Selbstbau Spaß macht. Aber es kostet Zeit!

Vergessen Sie nicht die Straßenmarkierungen (Richtungspfeile, Mittellinien, Fahrbahnbegrenzungen, Stoplinien u. a.). Man kann sie mit weißer Deckfarbe auf die Straßenoberfläche aufmalen – das erfordert eine ruhige Hand und viel Zeit. Man kann sie aus weißen Haftetiketten ausschneiden und aufkleben – eine preiswerte Methode. Oder man kann sie als Aufreibesymbole kaufen – die elegante Methode (nur für festen Untergrund geeignet). Sie haben also die Wahl zwischen drei Möglichkeiten.

Zum Schluß noch etwas zur Straßenbeleuchtung. Leuchten der verschiedensten Formen und Ausführungen gibt es mehr als genug. Auf maßstäblich zierliche Formen der Straßenleuchten sollte man Wert legen – wenn auch diese Supermodelle oft teurer sind als die üblichen Einfach-Ausführungen vieler Straßenleuchten. Aber eine billige (plumpe) Straßenleuchte macht mit einem Schlag die schönste Straßenatmosphäre zunichte. Deshalb in diesem Punkt nicht sparen.

Die Standsockel der Laternen entfernt man entweder oder läßt sie paßgenau in Ausschnitte der Gehwegplatten ein. Wichtig (auch bei Gebäuden und anderem Zubehör): auf die Senkrechte achten. Schief aufgestellte Leuchten oder Gebäude verderben den guten Gesamteindruck der Anlage. Oft bemerkt man diese vermeidbaren Fehler erst auf einem Foto. Denn die Fotografie erweist sich – wie in so vielen Fällen bei der Modellbahnerei – als unbestechlicher Richter über gut und schlecht ausgeführte Details.

Schief aufgestellte Häuser, unschöne Schlitze in Mauerfugen, zu hohe Bürgersteige, windschief stehende Straßenleuchten, störend sichtbare Lampensockel und ähnliches

– diese Fehler bringen manchmal erst Fotos zutage, weil der weniger kritische Besucher gewöhnlich durch den ansonsten guten Anlagen-Gesamteindruck bei der Beurteilung abgelenkt wird und weniger auf Details achtet. Achten Sie um so mehr auf diese wichtigen Details, denn gerade die exakte und liebevolle Detail-Gestaltung hebt die Modellbahn-Anlage aus der Masse der normalen Spiel-Anlagen hervor.

Vorsicht am Zebrastreifen

Was wäre das schönste Stadtviertel auf der Modellbahn-Anlage ohne Autos und ohne Fußgänger? Davon träumt vielleicht nur derjenige, der selbst an einer verkehrsreichen Straße wohnt. Aber unsere Modellbahn-Anlage soll ja ein möglichst realistisches Abbild der Wirklichkeit sein – also gehören auch Autos und Fußgänger dazu und je nach Ausführungsart auch Busse und Straßenbahnen – und diese am besten mit Antrieb.

Nun bringt das „Aufstellen“ von Autos einige Probleme mit sich. Die kleinen Autos sollen einerseits echten Verkehr simulieren, andererseits aber auch nicht wie einfach „hingestellt“ wirken. Man soll sich von realistisch wirkenden Abbildungen (auf diesen Seiten sind einige Beispiele gezeigt) nicht täuschen lassen; solche gestellten Szenen wirken nur auf Abbildungen ganz hervorragend. Wenn man sie aber jeden Tag auf der Anlage vor Augen hat, läßt der Reiz dieser Motive schnell nach. Es ist ähnlich wie bei den reißenden Wildbächen und Wasserfällen: auf Abbildungen entlocken sie dem Betrachter ein bewunderndes und begeistertes „Ah!“ und „Oh!“, aber auf der Anlage erreicht man mit diesen Motiven auf die Dauer eigentlich nur das Gegenteil: Langeweile und Dokumentation der Unwirklichkeit, weil die echte Bewegung fehlt.

Deshalb sucht man sich zweckmäßigerweise Verkehrssituationen aus, die dem „Stillstandskriterium“ der Modellfahrzeuge soweit wie möglich entgegenkommen: Verkehrsstau an Baustellen oder belebten Kreuzungen, parkende Fahrzeuge am Fahrbahnrand oder auf extra angelegten Parkstreifen und Parkplätzen vor großen Gebäuden oder vor dem Bahnhof, haltende Lkw und Lieferwagen, die be- oder entladen werden, ein Bus an der Haltestelle mit ein- und aussteigenden Fahrgästen oder andere, ähnliche Situationen, in denen haltende oder parkende Fahrzeuge nicht unnatürlich wirken.

Direkt vor beschrankten oder unbeschrankten Bahnübergängen sollte man keine Autoschlange warten lassen, denn es wirkt unschön, wenn nach einem durchfahrenden Zug und Öffnen der Schranken bzw. Erlöschen des Warnblinklichts die Autokolonne nach wie vor unbeweglich ausharrt. Solche gestellten Verkehrssituationen sind nur dann angebracht und sogar erforderlich, wenn man seine Anlage mit dem Fotoapparat ins rechte Licht setzen möchte.

Gleiches gilt auch für funktionierende Verkehrsampeln, die es – dank winziger Leuchtdioden – in sehr guter Modellausführung als Zubehör gibt. An diesen Ampeln mit Grün/Gelb/Rot-Lichtwechsel stellt man am besten keine Fahrzeuge direkt vor den Lichtern auf, sondern besser 10 bis 20 cm davor – das wirkt besser.

Eine rühmliche Ausnahme in bezug auf den „Verkehrs-Stillstand“ gibt es: die vorbildgerecht mobilen H0-Autos im Faller „car-system“. Die per Motor, Akku, Lenkachse und Führungsdraht angetriebenen Automodelle können neben dem ruhenden Straßenverkehr für einen realitätsnahen Fahrverkehr sorgen. Die optische Wirkung ist ausgezeichnet. Ein empfehlenswertes Konzept.

Weitere optisch reizvolle Gags lassen sich durch LED-Beleuchtung erzielen: Standlicht, Blinklicht, Rückbeleuchtung – all dies ist dank der kleinen farbigen Leuchtdioden kein technisches Problem mehr, sondern bedarf nur der sorgfältigen Ausführung beim Umbau der Fahrzeuge (Aufbohren der Scheinwerfer, unauffälliges Anlegen der Anschlußlitzen usw.).

Um wieviel leichter hat man es da bei den Mini-Menschen. In erster Linie sind es die

Firmen Preiser und Merten, die ein umfangreiches Figurensortiment führen, das so ziemlich jede gewünschte Figur oder Motivgruppe enthält – vom Schäfer mit Hund und Herde bis zum hohen politischen Staatsbesuch. Insbesondere die Firma Preiser bietet auf diesem Sektor eine erstaunlich große Auswahl für alle Baugrößen.

Zwei wichtige Tips sollten Sie in diesem Zusammenhang beherzigen: Stellen Sie möglichst viele Figuren und Figurengruppen auf, am Bahnsteig, in der Stadt, vor Schaufenstern, auf Parkbänken, an der Bushaltestelle (im Bus sollte man auch Figuren „installieren", genauso wie in Eisenbahnwagen) und auf Gehwegen, Plätzen und Zebrastreifen. Dann erst kommt Leben auf die Anlage.

Beidseitig vor Zebrastreifen und beampelten Fußgänger-Überwegen kann man (im Gegensatz zu Bahnübergängen) ohne weiteres auch Autos warten lassen, denn die Fußgänger kommen ja auch nicht vom Fleck.

Der zweite wichtige Tip: Grundsätzlich sind die Standsockel der Figuren mit einem scharfen Bastelmesser oder einer Rasierklinge zu entfernen, bevor die Figuren mit ganz wenig (!) Plastikkleber oder Haftkitt auf ihre Standplätze aufgeklebt werden. Auch Fahrzeuge sollte man zumindest mit einem Rad auf dem Untergrund anheften, damit sie nicht schon bei der geringsten Erschütterung ungewollt ins Rollen kommen.

Was die weitere Ausstattung der Anlage angeht: Zeitungsstände, Litfaßsäulen, Reklame wände, elektronische Lauflichtwerbung, Bänke, Mülltonnen, Flaschen- und Papiercontainer, Papierkörbe und alle die vielen Details – sehen Sie sich in Ihrer Straße oder deren nächster Umgebung einmal genauer um. Sie finden viele, viele Anregungen zur realistischen Gestaltung Ihrer Modellstraßen – mehr, als hier in Bildern und Zeichnungen als Anregung gezeigt werden kann.

Zusammenfassung

Stadtkulisse: das sind Gebäude, Straßen Plätze, Autos, Figuren. Das richtige Anlegen der Straßen und der vielen Zubehörteile zur vorbildgerecht wirkenden Staffage wird in diesem Kapitel anhand wichtiger grundsätzlicher Hinweise und Anregungen gezeigt. Die Vielfalt dieses Themenkomplexes zeigt besonders deutlich, wie wichtig es ist, sich selbst Anregungen draußen in der Stadt zu holen. Vorteilhaft: Für die Gestaltung einer Stadt gibt es besonders viel Zubehör, so daß der Aufbau erleichtert wird.

9 Rand-Bemerkungen

Eine noch so schön gestaltete Anlage verliert an Wirkung, wenn die Umgebung und der Hintergrund nicht stimmen. Wilde, bunte Tapetenmuster zerstören die schönste Vorbild-Illusion. Deshalb geht es nicht ohne Hintergrund-Kulisse. Welche praktikablen Möglichkeiten sich anbieten und wie sie ausgeführt werden, wird in diesem Kapitel beschrieben und gezeigt.

Wir sind am Schluß des Buches angelangt – und damit auch beim Schlußkapitel der Landschaftsgestaltung. Das Stichwort heißt: Hintergrund. Darüber wurde schon viel geschrieben – von der Fernlehrgang-Malanleitung bis zum Ausschneiden von Hochgebirgs-Kalenderblattmotiven. Ganz so einfach, wie es manchmal dargestellt wird, ist das Kapitel des richtigen und gut wirkenden Hintergrunds für eine Modellbahn-Anlage aber doch nicht. Fangen wir von vorn an.

Wozu braucht man überhaupt einen Anlagen-Hintergrund, wenn beispielsweise die Anlage in einer Zimmerecke bündig an der Wand steht? Die Antwort lautet ganz einfach: Man braucht immer den richtigen Anlagen-Hintergrund. Denn jede Modellbahn-Anlage – wenn sie nicht gerade völlig frei mitten in einem großen Raum steht – braucht zur besseren Gesamtwirkung und vor allem zur Vergrößerung der Tiefenwirkung einen passenden, aber unaufdringlich wirkenden Hintergrundabschluß. Der richtig ausgewählte Hintergrund kann außerdem die Glaubwürdigkeit des auf der Anlage dargestellten und modellierten Landschaftsausschnitts noch unterstreichen oder aber – das Gegenteil – den Übergang zum umgebenden Raum neutralisieren.

Bei dem Wort „Kulisse“ denkt man fast automatisch an kunstvoll gemalte Darstellungen in gut aufeinander abgestimmten Farben und Perspektiven. Doch keine Angst – unsere Hintergrund-Kulissen werden nicht gemalt. Sie brauchen keinen Kunstmaler zu engagieren, der Ihnen das Alpenpanorama mit Pinsel und Farbe auf die Wand zaubert. Ich finde es zudem falsch, die Behauptung aufzustellen, das Malen einer Kulisse sei ja gar nicht so schwer. Für den, der's kann, trifft dies zweifellos zu, und derjenige braucht kaum Ratschläge für die richtige und künstlerische Ausführung einer gemalten Hintergrund-Kulisse. Malen kann man aber nicht per Gebrauchsanweisung vermitteln; deshalb finden Sie an dieser Stelle auch keine „tollen Tips“ dazu.

Das mangelnde Maltalent ist kein Grund zum Verzweifeln, denn es gibt heutzutage eine ausreichend große Auswahl an vielfarbig bedruckten, sehr schönen Hintergrund-Kulissen. Sie entstanden teils nach echten Farbfoto-Vorlagen, teils künstlerisch-fachmännisch gemalt für die Druckvorlage. Vielfach sind die Kulissen beim Druck so gestaltet worden, daß sie beliebig oft aneinandergereiht werden können. Auch neutralen Wolkenhimmel gibt es als farbige Bildtapete. Ganz so einfach ist die Hintergrund-Gestaltung nicht, weil nicht jede Hintergrund-Kulisse zu jedem Anlagen-Hintergrund paßt. Bei der Auswahl gibt es einige wichtige Punkte zu beachten.

Welche Kulisse paßt?

Es gelingt nur in wenigen Fällen, eine bereits fix und fertig gebaute Modellbahn-Anlage nachträglich noch mit einer Hintergrund-Kulisse auszustatten, denn die Gestaltung am hinteren Anlagenrand und der Übergang von modellierter Landschaft zur gedruckten oder gestrichenen Kulisse müssen aufeinander abgestimmt sein, wenn die Kulisse nicht als störend und unpassend empfunden werden soll. Nur mit einem völlig neutralen Hintergrund oder einer Wolkenhimmel-Kulisse kommt man nachträglich noch zurecht.

Grundsätzlich unterscheidet man zwischen Landschafts- bzw. Stadthintergrund-Kulissen und neutralen Hintergründen. Landschafts- und Stadtbild-Kulissen gibt es zum Beispiel von den Zubehör-Firmen Faller, Kibri, MZZ und Vollmer sowie – mit speziellen amerikanischen Motiven – von US-Modellbahn-Versender Walthers. Eine neutrale Wolkenhimmel-Kulisse gibt es auch – sie wird von Faller angeboten und zeigt drucktechnisch gut wiedergegebenen Himmel.

Einen völlig neutralen Anlagenhintergrund – den kann man sich noch selbst malen, notfalls sogar direkt auf eine glatte, verspachtelte Wandfläche. Das ist die einzige Mal- oder besser gesagt: Anstrichtechnik, die kein künstlerisches Talent erfordert.

Auf den Untergrund wird von oben beginnend mittelblaue Fassadenfarbe (beim Maler in kleinen Tuben erhältlich) mit breitem, weichem Flachpinsel waagerecht aufgetragen. Zum unteren Anlagenrand hin mischt man zunehmend ganz wenig Weiß zu und zum Schluß ein ganz wenig Schwarz und Rot. Die Farben müssen gut ineinander verlaufen, und es dürfen keine Pinselstriche sichtbar bleiben. Auf diese Weise erhält man einen neutralen wolkenlosen Himmel, der zum Horizont hin (also nach unten) dunstig gräulich/violett erscheint. Dominieren müssen in jedem Fall die hellen Blau/Weiß/Grau-Töne.

Mit diesem wirklich neutralen Hintergrund kann man absolut nichts falsch machen – er paßt immer und überall und zu jeder Anlage, ob als Landschafts-Hintergrund oder als Abschluß einer Großstadt-Häuserzeile am hinteren Anlagenrand.

Das Anbringen der Kulisse

Für das Einplanen und Befestigen einer Hintergrund-Kulisse auf der Anlage – gleichgültig, um welches Kulissenmotiv es sich handelt – gibt es ein paar Grundregeln, damit die Montage nach Wunsch verläuft und die Wirkung der Kulisse auch den Anforderungen gerecht wird.

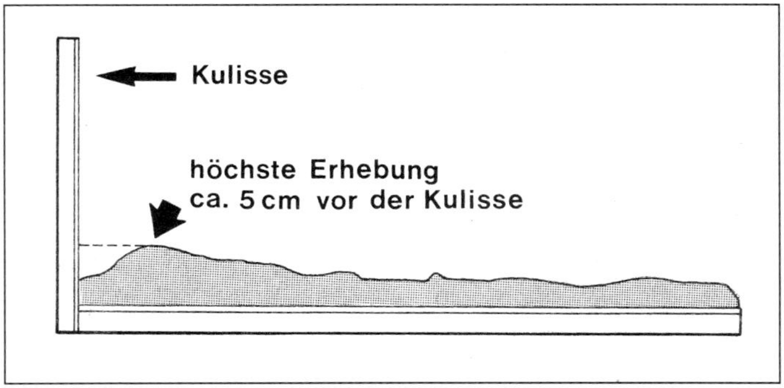

Dieser gezeichnete Anlagenquerschnitt zeigt, wie man in der Regel den Übergang zwischen „echter" Modellandschaft und Kulisse plant und ausführt. Wichtig: das Absenken der Landschaft kurz vor der Kulisse, damit ein sichtbares Anstoßen der Anlage an die Kulisse vermieden wird.

Erstens muß das Gelände vor der Kulisse so gestaltet werden, daß Dämme, Hügel usw. etwa 5 bis 10 cm vor dem hinteren Anlagenrand ihren höchsten Punkt erreicht haben, um dann nach hinten etwas abzufallen, so daß man kein direktes winkliges „Anstoßen" der echten Landschaft an die Kulisse wahrnehmen kann. Dann scheinen für das Auge des Betrachters zwischen Landschaft und Kulisse in natura noch ein paar hundert Meter zu liegen. Bei Gebäuden am hinteren Anlagenrand verfährt man ähnlich. Wenigstens 5 cm sollen zwischen Gebäuderückfront und Kulisse liegen. Das hat noch einen weiteren Grund: Bei Gebäuden mit hohen Bäumen in unmittelbarer Kulissennähe können durch ungünstigen Lichteinfall verräterische Schatten entstehen, die auf die Kulisse geworfen werden und damit die Illusion der Weite wieder zunichte machen. Deshalb ist es vorteilhafter, niedrige Bäume und dichtes Buschwerk im Hintergrund anzuordnen. Die niedrige Bepflanzung kann bis direkt an die Kulisse heranreichen. Hauptsache, es fällt kein unerwünschter Schatten auf die Kulissenwand.

Zweitens müssen wir die Entscheidung treffen, ob sich die Kulisse nur auf die lange Rückfront der Anlage beschränken oder ob sie seitlich noch weitergeführt werden soll.

Auf diesem Bild kommt die zentrale Bedeutung einer guten und richtig angepaßten Hintergrundkulisse deutlich zum Ausdruck. Das von Burkhard Büdel gebaute (und fotografierte) H0-Diorama hat nur eine Tiefe von 50 bis 70 cm, wirkt aber weiträumig und täuscht eine Landschaft vor. In Wirklichkeit ist es die Faller-Hintergrundkulisse, die diesen Eindruck vermittelt; sie schließt direkt hinter dem Bahnhof an das Anlagenbrett an. Die Wirkung einer guten und zum Anlagenthema passenden Kulisse kommt allerdings – das muß man eingestehen – vor allem auf Fotografien besonders gut heraus.

Dies ist durchaus möglich und manchmal sogar zu empfehlen. Dieses Herumführen der Kulisse nach vorn sollte jedoch möglichst mit einer großzügigen Rundung geschehen. Eckige Übergänge wirken im Normalfall schlecht und illusionsstörend. Einzige Ausnahme: die Landschaftsgestaltung läßt es zu, einen Hügel in der Anlagenecke bis zum oberen Kulissenrand zu ziehen, so daß das rechtwinklige Abknicken der Kulisse zur Seite hin nicht auffällt.

Wie soll man nun eine Kulisse – die handelsüblich nur auf dünnem Rollenpapier gedruckt ist – dauerhaft an der Anlage befestigen? Die Antwort ist einfach: wie eine Tapete an der Wand.

Man muß die Kulissenpapiere allerdings auf einen verwindungssteifen Untergrund mit glatter Fläche aufkleben. Dazu besorgt man sich Hartfaserplatten oder dünne Spanplatten entsprechender Größe, die von der Rückseite her (Hartfaser hat hier eine geprägte Oberfläche) mit einem Leistenrahmen verstärkt wird (Leistenquerschnitt mindestens 2 x 1 cm).

Dann wird das Kulissenpapier auf der Rückseite mit normalem Tapetenkleister gleichmäßig nicht zu dick eingestrichen. Nach etwa zehnminütiger Einweichzeit (wegen der Dehnung bei allen Kulissen-Teilstücken auf genau gleiche Einweichzeit achten!) kann die Kulisse aufgeklebt werden. Sie wird mit einer sauberen und weichen Bürste von der Mitte her ausgehend glatt aufgestrichen, damit sich keine Luft- oder Kleisterblasen zwischen Papier und Platte bilden können. Bei schwereren Fotodruck-Kulissen empfiehlt sich anstelle des normalen Tapetenkleisters (z. B. Henkel-Methylan) ein Spezial-Tapetenkleister für schwere Tapeten.

Auf keinen Fall sollte man die auf den ersten Blick viel bequemer erscheinende Art des Festklebens versuchen, indem man die Holz-Unterlage mit Leim bestreicht und das trockene Kulissenpapier darauflegt. Das führt unweigerlich zu faltigem Auftrocknen und verdirbt damit die ganze Hintergrundkulisse. Die ganze Arbeit war vergebens.

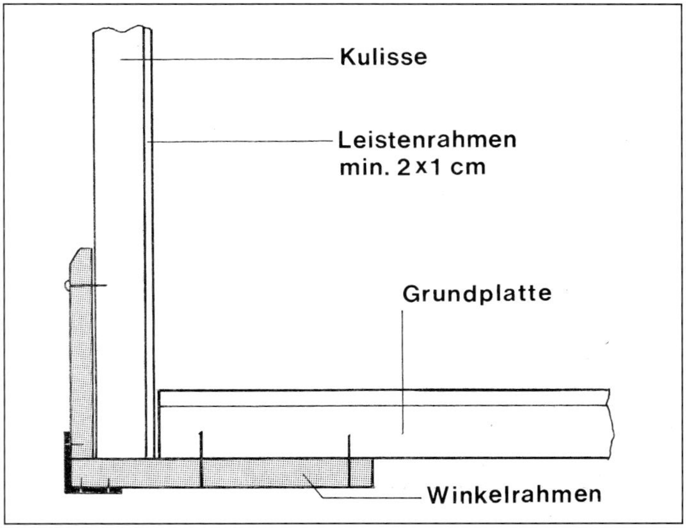

So kann die Kulisse an der Anlage befestigt werden. Der stabile Leistenrahmen dient der verzugsfreien Befestigung. Auf diese Weise wird außerdem bei erforderlichen Umbauten ein leichteres Demontieren ermöglicht.

Falls der Leistenrahmen auf der Hartfaser- bzw. Spanplatte nicht nur rückseitig festgeklebt wurde, sondern auch von der Frontseite her mit Nägeln oder kleinen Schräubchen arretiert werden soll (das dürfte die Regel sein), dann ist es ratsam, die Nägelköpfe durch je einen kleinen Lacktupfer gegen Rostbildung zu isolieren. Vor dem Weiterarbeiten muß dieser Klarlack-Überzug selbstverständlich völlig getrocknet sein. Unterläßt man diese Vorsichtsmaßnahme, rosten nach dem späteren Kleisterauftrag die Nagelköpfe im Handumdrehen, und der Rost schlägt in Form brauner Flecken schon nach kurzer Zeit auf der Sichtseite der Kulisse durch – ein vermeidbarer Fehler, der sich nachträglich nur durch vorsichtiges Übermalen der braunen Rostflecken beheben läßt.

Wer ein übriges tun will, kann die fertig aufgeklebte Kulisse mit einem farblosen Mattlack (Schutzfirnis) aus der Sprühdose überziehen. Wichtig ist, daß dieser Schutzlack völlig matt auftrocknet, denn eine glänzende Hintergrundkulisse sieht unschön aus,

Das ist keine „echte“ Modellstadt, sondern eine nur wenige Zentimeter tiefe, aus MZZ-Kulissenteilen zusammengesetzte, halbplastische Hintergrundkulisse. Die Merz-Modul-Kulissen bieten reizvolle Alternativen zu den bekannten Hintergrundkulissen, vor allem für Stadthintergründe.

besonders, wenn sich Tages- oder Kunstlicht auf der Oberfläche bricht.

Der nunmehr fertiggestellte stabile Kulissenrahmen wird an der Anlagengrundplatte bzw. am Anlagenrahmen mit kleinen Montagewinkeln und Holzschrauben abnehmbar befestigt, damit er bei einem eventuell erforderlich werdenden Transport der Modellbahn-Anlage leichter wieder abgenommen werden kann.

Halbrelief-Kulissen

Seit mehr als einem Jahrzehnt gibt es die aus der Schweiz importierten MZZ-Modul-Kulissen, die hier abschließend gesondert vorgestellt werden sollen, weil sie in bezug auf Variationsmöglichkeiten und Darstellungs-Technik zur Zeit ein Optimum bieten. Bei diesen Kulissen handelt es sich um gemalte bzw. gezeichnete flächige frontale Vorderansichten von Gebäuden, Landschaften usw., bei deren Montage deshalb auch nicht die Probleme der perspektivischen Verzerrung – je nach Betrachtungswinkel – entstehen können (s. a. Seite 105).

Diese Kulissen, die man übrigens mühelos farblich den gewünschten Gegebenheiten anpassen kann, gibt es in verschiedenen Zusammenstellungen: Landschaften, Rampen, Industrie- und Gewerbebauten, Kleinstadt- und Großstadtmotive. Jedes „Kulissen-Set“ ist in sich in einzelne Module aufgeteilt und beliebig untereinander ansetzbar und austauschbar. Mit einem Wort: Hier handelt es sich um ein ausgefeiltes Kulissensystem, das praktisch allen Anforderungen an eine variable Hintergrundkulisse gerecht wird.

In der Praxis kann man sogar noch besondere Effekte erzielen, indem man einzelne Gebäude oder Landschaftsteile aus den jeweiligen Kulissen ausschneidet, auf starken Karton oder Hartfaser klebt, und diese Teile dann im Abstand versetzt jeweils wenige Zentimeter vor andere, vielleicht durchlaufende Kulissenteile setzt. Auf diese Weise kann man beispielsweise eine Ortschaft im Hintergrund der Anlage zusammenraffen, ohne daß sie in der Anlagentiefe mehr als 10 bis 15 cm beansprucht.

Ganz vorn am Rand

Bisher wurde in erster Linie immer vom richtig gestalteten Anlagenhintergrund gesprochen. Und was ist mit dem vorderen Anlagenrand? Schließlich steht die vordere Anlagen-Sichtkante im besonderen Blickpunkt des Betrachters.

Der vordere Anlagenabschluß sollte in jedem Fall ordentlich aussehen, damit dadurch nicht das Gesamtbild der Anlage negativ beeinflußt wird. In der Regel wird man vorn den etwa 4 bis 6 cm starken Leistenrahmen (eventuell mit darauf montierten Trassenteilen aus Sperrholz) sehen. Auch das Stützgerüst der Anlage liegt im Blickfeld. – Ein sauberer, matter und in den Farben neutraler Anstrich genügt oft schon, um einen ordentlichen Eindruck zu hinterlassen. Steigt aber beispielsweise das Gelände am vorderen Anlagenrand an, so muß man etwas mehr Aufwand betreiben. Es empfiehlt sich – so wie in der Skizze dargestellt –, eine den Geländeerhebungen folgende, etwa 5 mm dicke Sperrholzplatte auszusägen, die den Eindruck vermittelt, als sei hier am vorderen Anlagenrand die Anlage als ein Teil des Geländes herausgeschnitten. Streicht man diese Abschlußplatte beige, braun oder grau, so wirkt die Anlage deutlich besser und auch kompakter.

Die Anlagen-Stützkonstruktion sollte man ebenfalls ordentlich ausführen und streichen, denn rohe, ungehobelte Holzstützen wirken nicht gerade schön. Mit etwas

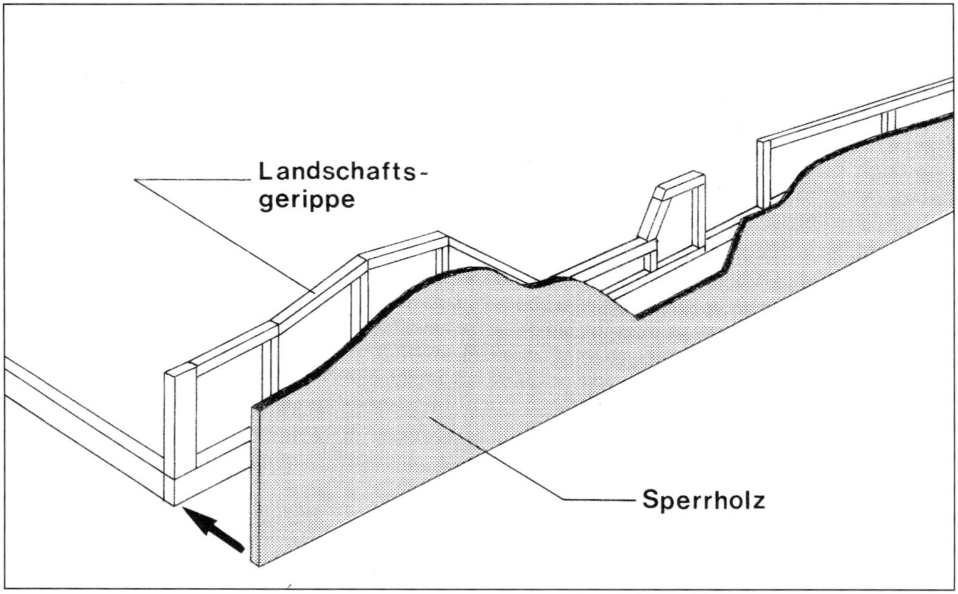

Der i-Punkt der Anlagengestaltung ist ein sauberer vorderer Anlagenabschluß. Durch eine der Landschaftsform angepaßte und in Braun- oder Grautönen matt gestrichene Sperrholz-Abschlußplatte gewinnt in jedem Fall noch der Anlagen-Gesamteindruck.

Brücken als „Tarnung" einer am Anlagenrand endenden Gleisstrecke – hier demonstriert auf einer N-Vorführanlage der Firma Arnold. Hier ist die Blechträgerbrücke nur am vorderen Rand angedeutet, genauso gut kann man durch eine hochgelegene breite Straße Gleise am Anlagenrand „verschwinden" lassen – eine gute Alternative zu Tunnelportalen besonders dann, wenn mehr als zwei Gleise in verdeckte Strecken geführt werden sollen; so wird eine Anhäufung von Tunnelportalen vermieden.

Schleifpapier und Farbe kann man schnell für einen sauberen Gesamteindruck sorgen. Es ist nicht viel Mühe, aber es lohnt.

Genausowenig, wie man als Anlagenhintergrund eine großgeblümte Tapete verwendet, genausowenig sollte man am vorderen Anlagenrand einen wild gemusterten Vorhang befestigen. Gegen den Vorhang an sich gibt es keine Einwände – er ist im Gegenteil sehr praktisch (man kann viel dahinter verstauen), aber die Farben sollten gedeckt und ohne Muster sein, damit sie zur Anlage passen.

Damit erhält die Modellbahn-Anlage gewissermaßen den letzten Schliff. Und damit sind wir auch am Ende dieses Leitfadens für den Modell-Landschaftsbau angelangt. Viele der hier gezeigten und beschriebenen Baumethoden und Anregungen werden Sie vielleicht schon auf Ihrer nächsten Anlage berücksichtigen können. Und sicher werden Sie während des Baus selbst praktikable und gute andere Lösungen finden, die bisher noch nie veröffentlicht wurden – lassen Sie es uns wissen, damit auch andere Modellbahner später davon profitieren können.

Zusammenfassung

Anlagenhintergrund und Anlagenvorderseite geben der Modelllandschaft den letzten Schliff. Ihre sorgfältige Ausführung unterstreicht die Gesamtwirkung einer Anlage nicht unerheblich. Deshalb sollten die Ausführungen über die Hintergrundkulissen besonders sorgfältig bei Planung und Bau einer Modellbahn-Anlage beachtet werden, damit die Modelllandschaft auch in ihrem fortgeführten „gedachten" Teil realistisch wirkt.

10 Wer liefert was?

Marktübersicht über Landschafts-Ausstattungsmaterial für Modellbahn-Anlagen. Über weitere aktuelle Angebote informieren Modellbahn-Zeitschriften. Bevor Sie sich schriftlich an den Hersteller oder an die Vertriebsfirma wenden, versuchen Sie, Informationen bei Ihrem Fachhändler zu erhalten. Der Fachhändler ist Ihr kompetenter Partner.

Wenn Sie etwas ganz Bestimmtes suchen, finden Sie es sicherlich in einem der Kataloge der Modellbahn-Zubehör-Hersteller, die in der nachfolgenden Übersicht in alphabetischer Reihenfolge mit ihren Post-Anschriften aufgeführt sind.

Denken Sie auch daran: Nicht jeder Händler kann aus Platzgründen alles und jedes ständig vorrätig halten oder im Sortiment führen. Gegebenenfalls teilt Ihnen die Herstellerfirma Bezugsquellen in Ihrer Nähe mit (der Anfrage eine adressierte und frankierte Ruck-Postkarte beifügen). Vieles ist auch über spezialisierte Modellbahn-Versandabteilungen großer örtlicher Fachhändler erhältlich. Deshalb ist es wichtig, ständig die Inserate der Fachhändler in den Modellbahn-Fachzeitschriften (z. B. „eisenbahn magazin") zu beachten.

Arnold Modelleisenbahnen
Meisenweg 1,
92360 Mühlhausen/Sulz

Auhagen
Auhagen GmbH
Hüttengrund 25
09496 Marienberg

Brawa
Artur Braun GmbH + Co.
Postfach 1260
73625 Remshalden-Grunbach

Busch
Busch Modellspielwaren
Postfach 1260
68502 Viernheim

Faller
Gebrüder Faller GmbH.
Kreuzstr. 9
78148 Gütenbach

Gerard
Gerard Modellbahnen Riedl
Lederergasse 7
A-1080 Wien

Haberl + Partner
Haberl + Partner
Ulmer Straße 160 a
86156 Augsburg

Heki
Heki Kittler GmbH.
Am Bahndamm 10
76437 Rastatt-Wintersdorf

Herkat
Herkat Modellbahn-Zubehör
Schloßäckerstraße 18
90443 Nürnberg

Kibri
Kibri Spielwarenfabrik GmbH
Otto-Lilienthal-Str. 40
71034 Böblingen

Märklin
Gebr. Märklin & Cie. GmbH.
Holzheimer Str. 8
73037 Göppingen

Merten
Merten Figuren GmbH
Industriestraße 25
12099 Berlin

MO
MO-Miniatur
Gustl-Waldau-Straße 42
84030 Ergolding

Modelleisenbahn-Club und Anlagenbau
Westerwald e. V.
Am Bungert 16
56316 Raubach

Mondial
Vertrieb Nord: Jürgen Wicher
Postfach 10 21 23, 44551 Castrop-Rauxel
Vertrieb Süd: Dirk Steinhaus
Postfach 25 03 02, 42239 Wuppertal

MZZ
Modellbahnzubehör MZZ AG
Im Trenschen 26
CH-8207 Schaffhausen

Noch
Noch GmbH + Co.
Lindauer Str. 49
88230 Wangen

Pola
Pola GmbH
Am Bahndamm 59
97711 Rothhausen

Preiser
Preiser Kleinkunst-Werkstätten GmbH
Postfach 12 33
91534 Rothenburg o. d. T.

Roco
Roco Modellspielwaren GmbH
Jakob-Auer-Straße 8
A-5033 Salzburg

Sander
Sander GmbH
Rudolfstraße 2–4
42216 Wuppertal

Schneider
Schneider KG.
Postfach 10
73062 Uhingen

Silhouette
Albert Rademacher
Am Glockenbach 11
80469 München

Sommerfeldt
Sommerfeldt GmbH
Friedhofstraße 42
73110 Hattenhofen

Spieth
M. L. Spieth
Bärenhofstr. 27
70756 Leinfelden-Echterdingen

Spörle
Spörle, Klaus
Belsenstraße 19
40545 Düsseldorf

Viessmann
Viessmann Modellbau
Am Bahnhof 1
35116 Hatzfeld-Reddinghausen

Vollmer
Vollmer GmbH
Porschestraße 25
70435 Stuttgart

Weinert
Weinert Modellbau
Mittelwendung 7
28844 Weyhe-Dreye

Woodland Sceniss
Vertrieb: s. Noch

Sachregister